人生がときめく魔法の片づけノート

konmari
近藤 麻理恵

扶桑社

はじめに

こんにちは、こんまりこと近藤麻理恵です。

このノートの目的はズバリ、あなたが「ときめく毎日を送るために、今度こそ本気で片づけを終わらせる！」こと。皆さんのなかには、こんまり流の「ときめき片づけ」法をすでにご存知の方もいらっしゃるかもしれません。けれども、なにかの事情で挫折してしまったり、片づけたいと思いつつ何か月もたってしまっているのなら…これ以上にぴったりな一冊はないはずです。

いちばんの特長は、片づけを進めながら自分と向き合えるようになっているところ。まず片づけの方法を学び、そのうえでアシストに沿って自分の考え方や思いを書き込み、実践することで、もののもち方のクセや片づけの苦手ポイントなどがわかってくる仕組みになっています。自分と向き合うことは、片づけがうまくいくための大事なポイント。片づけをとおして、自分にとって本当に大切なものはなにか、という自分の価値観までわかって初めて、リバウンドしない片づけをすることができるからです。

このノートには、「自分の理想の暮らし」に関することはもちろん、片づけ中に気づいたことや、気持ちの変化について書き込むスペースもたくさんあります。この、「自分の手で書き込む」という作業がとても大事なのです。

最近では、スマートフォンやパソコンを使ってメモをする人も多くなってきていますが、手を使って文字を書くことの効果は侮れません。自分の文字で、自分の状況や気持ちを書くことで、頭で考えている以上に自分のことがはっきりと見えてくるのです。

たとえば私は普段、日常のなかでときめいた出来事や、考えたことなどを手帳にメモする習慣があるのですが、そうやって、自分のときめきにこまめに向き合うことを続けていくと、自分がなにをしていると心地いいのか、どんなものをもっていると満たされるのかが理解できるようになっていきます。

片づけは、この「自分と向き合う」作業を集中して経験できる、すごい機会なんです。どうぞこのノートを使って、片づけをとおして自分と向き合いながら、すっきり片づいたおうちと、ときめく理想の暮らしを実現させてください。

もちろん、必要なステップは、すべてこのノートの中に書いてあるので、難しく考えなくても大丈夫です。

まずはときめくペンを用意して、楽しみながらページを進めてくださいね！

目次

Content

Chapter 1
『片づけ前』にすること

Chapter 2
『衣類』を片づけよう！

Chapter 3

「本類」を片づけよう！

Chapter 4

「書類」を片づけよう！

Chapter 5

「小物」を片づけよう！

Chapter 6

「思い出品」を片づけよう！

片づけられないのは あなたのせいではありません

「すっきりきれいに片づいた部屋で暮らしたい」。そう思ってはいても、時間がない、やる気が出ない、どこから手をつけていいかわからない、片づけてもすぐに散らかってしまう…など、うまくいかずに落ち込んだり、できない自分を責めてしまってはいませんか。片づけられないのは、けっしてあなたのせいではありません。「忙しい自分には無理」「大ざっぱな性格の私に片づけは向いてない」、そんなことはないのです。片づけができないのは、自分の「ものへの思い」に気づけていないため。ものと向き合う前に、あるものすべてをそのまま収納したり、中途半端な捨て方でよしとしてしまったりするからです。

片づけでやることは、ごくごくシンプル。ものを捨て、残したものの定位置を決める、それだけです。だから、なぜ自分はものを減らせないのか、どういう思いから中途半端でもよしとしてしまうのか、そこが解決できないと、いくらしまう場所を決めても終わることができません。「片づけはマインドが9割」。これは私がずっと言ってきていること。正しいマインドを身につけるには、自分の本当の気持ちを知ることが大切です。ものへの思いをひとつひとつ確認しながら片づけを進めるのに、「ときめき」を意識することは大いに役立つはずです。

片づけでやるべきことは2つだけ

ものを捨てる
＝
自分が本当に
“ときめく”
ものだけを残す

⇐

ものの
定位置を
決める
＝
しまうときも
“ときめき”を
意識する

片づけノートをつけることで確実に片づけられるようになる理由

1 サポートに従って書き込むことで自然と片づけが進む

マインドが変わらないまま片づけを始めてもうまくいきません。また、スムーズに片づけを進めるためには順序も大切です。このノートでは、なにから始めたらいいかわからないという人も、各ページの私からのアシストに従って書き込んでいくだけで、ものへの思いが確認でき、今なにをすればいいかがわかる構成になっています。

2 レッスンを受けたようにときめきポイントがわかる

私の片づけレッスンでは、ものをひとつずつ手に取って「ときめくかどうか」を質問していきます。普段あまり意識することのないときめく感覚を独自に養うのは、慣れないうちは難しい場合も。このノートでは自分の気持ちを繰り返し書き出しながら確認していくので、その感覚が養われ、レッスンを受けたように、ときめきポイントがわかるようになります。

3 スケジュールに無理がないから自分のペースでできる

片づけにどれだけ時間をかけるかは、あなたが自由に決められます。短期集中して一気に終わらせるのがベストですが、どうしても無理なら休日ごとに片づける、毎日数時間だけ少しずつ進めるなど、自分に合ったペースで始めてOK。そうすれば途中で投げ出すこともありません。無理のないスケジューリングも、成功への道です。

「ときめき片づけ」のルールを守りましょう

RULE 1 場所別でなくもの別で片づける

片づけてもリバウンドしてしまう人の多くが、「場所別に片づける」という間違いをしています。場所別に片づけることのなにが問題かというと、自分がもっているものの量を把握できないということ。同じカテゴリーのものでも、分散してしまっていることは多々あり、そうなると、自分が「ものをもちすぎている」ことに気づきにくくなります。ですから、片づけは「もの別」がルール。たとえば本類なら、あちこちにしまってある本や雑誌すべてを一か所に集めます。それにより全体量が見え、自分がいかに必要のないものまでとっていたかがわかります。この気づきがあってこそ、次に進めるのです。

RULE 2 正しい順番で片づける

最初に片づけるのは衣類から。日々身に着ける衣類はときめきチェックの判断がしやすく、「ときめき感度」を上げる練習になります。そこから本類、書類、小物、思い出品と進めていくと、だんだん判断力が身についていきます。

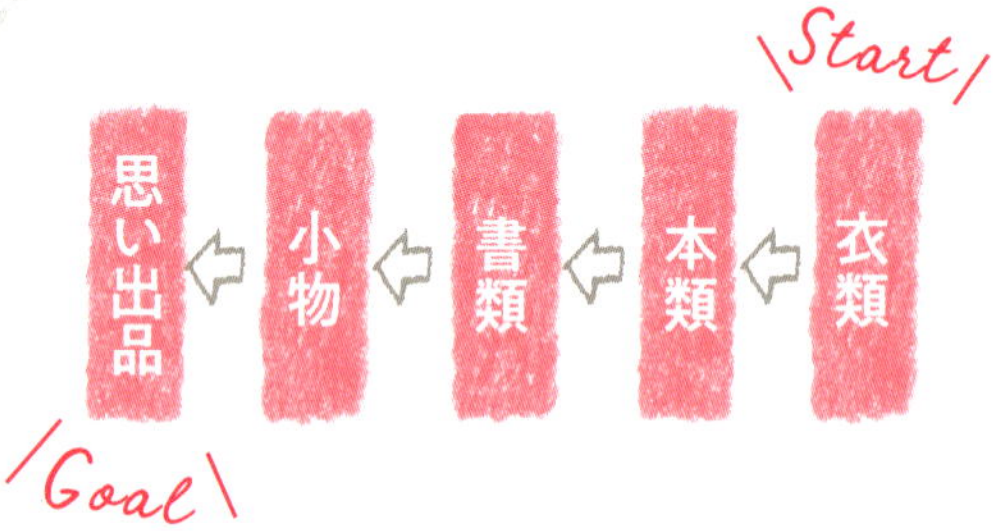

RULE 3 思いを明確にしてから片づける

片づけで大事なのは、あなたの暮らしに対する意識や思いであり、そこを明確にすることこそが必要。各ステップごとに、気づいたことや自分の思いをノートに書き込みながら実践していくことで、片づけが着実に進みます。

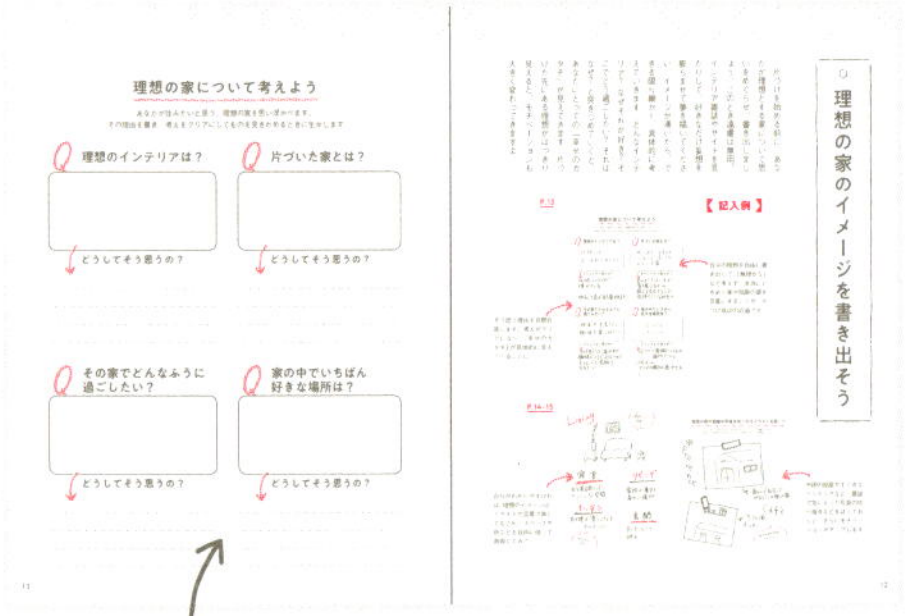

書き込み欄

ノートの流れに沿って進むと「ときめき片づけ」が成功します

片づけが苦手、という人や、これまで私の本を読んだけれどなかなか始められない人、やってみたけれどうまくいかなかったという人。これらすべての人に役立つように、片づけが成功するようにとつくったのがこの片づけノートです。

片づけは、だれにでもできます。正しく行えばリバウンドも起こりません。つまずくのは、やり方が間違っているから。片づけをスムーズに進めるために大切なのが順番です。ここでは、「ときめき片づけ」を成功させるための方法を順を追って説明していくので、迷うことがありません。最初に、どんな部屋でどんな暮らしをしたいのか、理想を具体的にイメージする。次に、衣類、本類、書類、小物、思い出品の順に、もの別にすべて出して一か所に集める。集めたもののひとつずつに触れ、ときめくものだけを残す。最後に、残ったものが「あるべき場所」を考え、そこを定位置にして正しく収める。この流れになっています。段階ごとに気づいたことや感じたことの記入欄があり、その都度、あなたの気持ちを確認しながら進められるので、作業に追われて心が置いてきぼりになることもありません。全ページ終えたときには、ときめくものだけがきちんと収まった、あなたにとって〝最高にときめく部屋〟が完成しています。

Chapter 1

理想を具体的に**イメージ**する

現状も把握

Chapter 5 ~ Chapter 2

カテゴリーごとに家じゅうから全部出して**集める**

ひとつずつ触れてみて**ときめくもの**を残す

「あるべき場所」に**収める**

収納は最後にカチッと決まる！

片づけは必ず自分のものから

つい一緒に家族のものも片づけたくなると思いますが、ものに対する価値観は人それぞれ。要不要の判断を勝手にするべきではありません。片づけは、必ず自分のものから始めましょう

「ときめき」を基準にものを取捨選択しましょう

片づけは、「捨てる」を終わらせることが肝心。捨てる理由がないものを捨てられないと思うかもしれませんが、「捨てるもの」を選ぼうとするから迷いが生じるのです。「残すもの」を選ぶのが正解。では、残すものをどうやって決めるのか。その基準となるのが「ときめき」です。一見、あいまいに思うかもしれませんが、そもそも片づけをするのは自分の幸せのため。自分がもっていて幸せになれるものを選ぶことが大切なのです。

判断するときのポイントは、ひとつひとつのものを手に取り、必ず触ること。手触りはどうですか？　心地よくそばに置いておけますか？　そのときの自分の体の反応を感じてみてください。触れたときに「キュン！」とか「るん♪」とかときめく感覚があれば、ぜひ残しましょう。逆にときめかないものは、手放すタイミングにあるということ。ものを手放すときは、その「お役目」に感謝をすることも大切です。たとえば、高かったけれど着ていない服なら「このタイプの服は私に似合わないということを教えてくれて、ありがとう」など。そのものの役割に感謝をすることで、捨てる罪悪感を減らすことができます。もちろん、捨てるだけでなく、寄付したり、リサイクルショップに売ったりするのもＯＫですよ。

どうしても「ときめき」がわからないときは？

- **ときめきがわからなくても焦らない**
- **直感的に「ときめきベスト３」を決めてみる**
- **ギュッと抱き締めてみる**

最初のうちは、ときめく感覚がどういうものか、わかりにくいもの。でも焦らなくて大丈夫、そんなときはもの同士比較するのがおすすめです。服のなかでときめくベスト３を決めるなど、ランクづけするのもいいでしょう。ものを触るだけでなく、ギュッと抱き締めてみたりするのも、ひとつの手です

「片づけ前」にすること

「さぁ、片づけるぞ！」と腕まくりしている人は
ちょっと待って。その前にすることがあります。
まず、心の準備はできていますか？
本気で「人生をときめかせる」ための片づけをすると
今、心に決めてください。それができたら
あなたの求める理想の暮らしを書き出していきましょう

理想の家のイメージを書き出そう

片づけを始める前に、あなたが理想とする家について思いをめぐらせ、書き出しましょう。このとき遠慮は無用。インテリア雑誌やサイトを見たりして、好きなだけ妄想を膨らませて夢を描いてください。イメージが湧いたら、できる限り細かく、具体的に考えていきます。どんなインテリア？　なぜそれが好き？　そこでどう過ごしたい？　それはなぜ？　と突きつめていくと、あなたにとっての「幸せのカタチ」が見えてきます。片づけた先にある理想がはっきり見えると、モチベーションも大きく変わってきますよ。

P.13

【記入例】

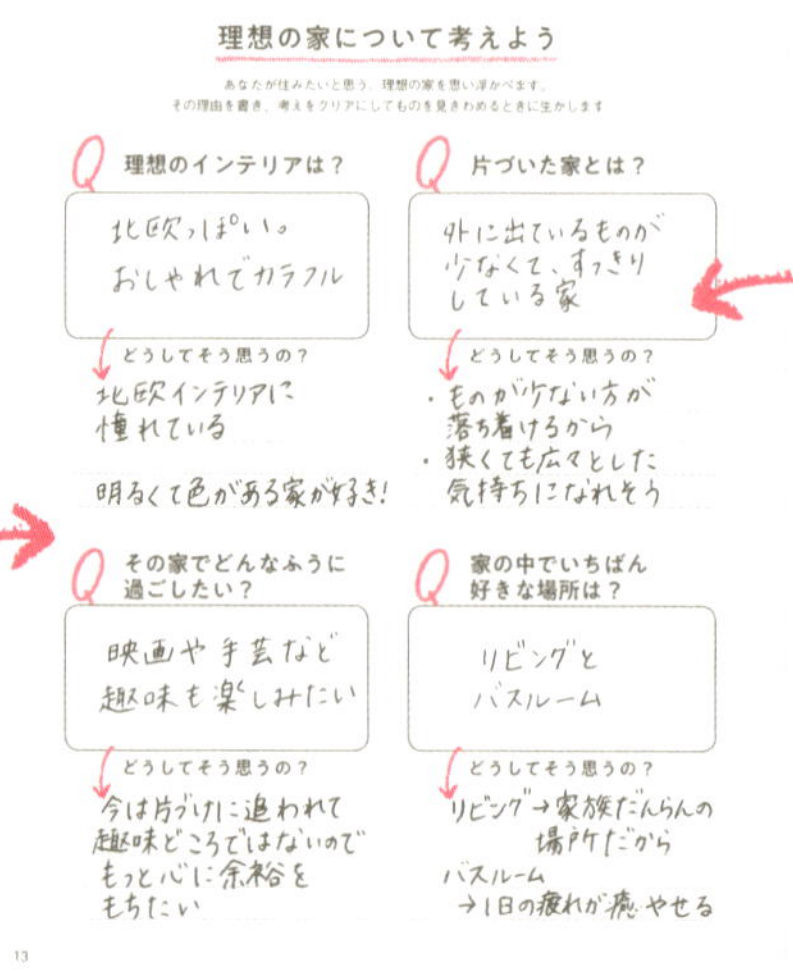

自分の理想を自由に書き出して。「無理かな」など考えず、本当にときめく家や部屋の姿を言葉にすることが、片づけ成功の近道です

そう思う理由を自問自答します。考えがクリアになり、「幸せのカタチ」が具体的に見えてくることに

P.14-15

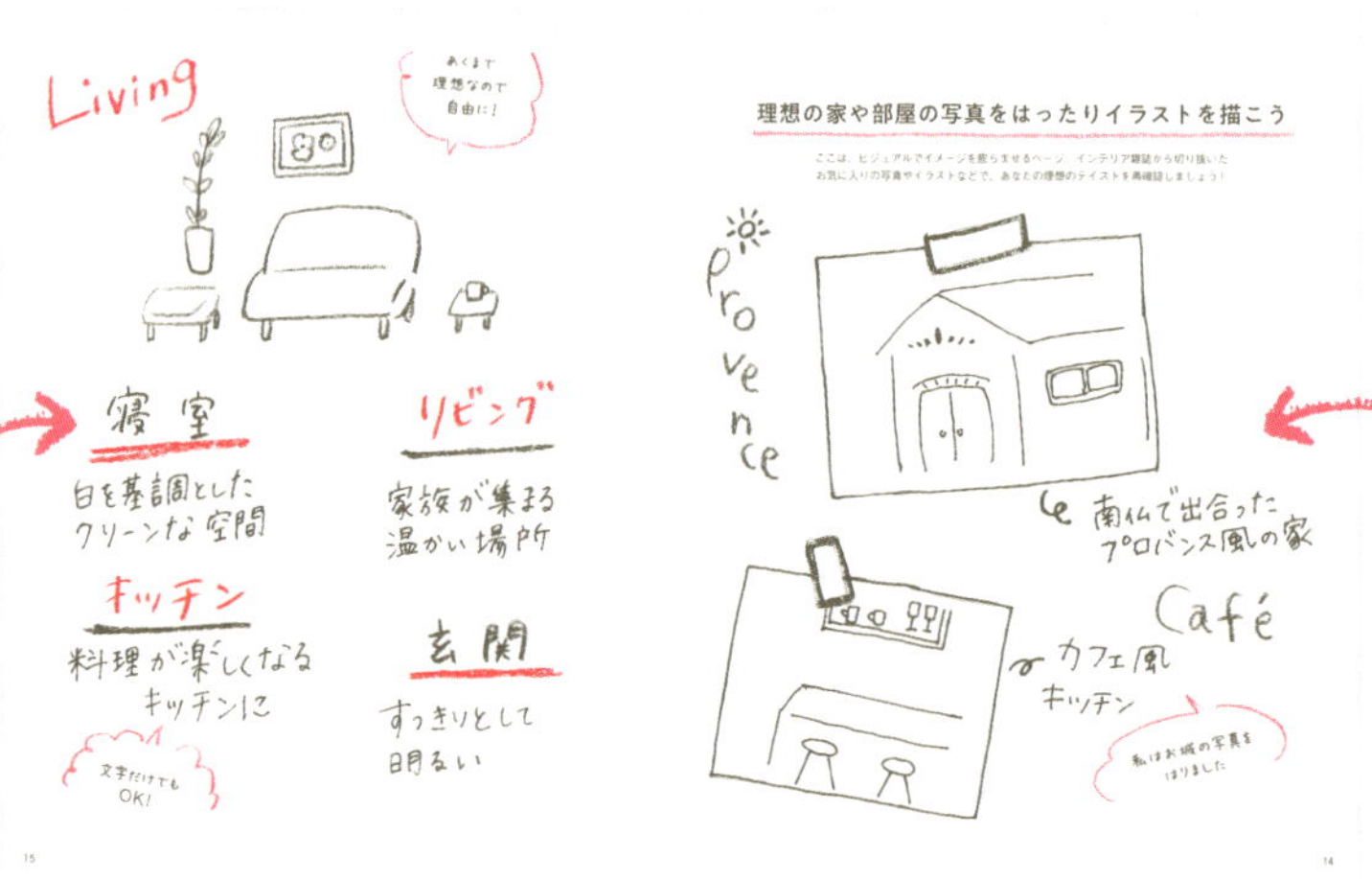

自分がわかりやすければ、理想のイメージは、イラストや言葉で表してもOK。スペースや色などを自由に使って表現してみて

外国の部屋やすてきなインテリアなど、雑誌で気に入った写真の切り抜きなどをはっておくと、さらにモチベーションがアップします

理想の家について考えよう

あなたが住みたいと思う、理想の家を思い浮かべます。
その理由を書き、考えをクリアにしてものを見きわめるときに生かします

Q 理想のインテリアは？

どうしてそう思うの？

Q 片づいた家とは？

どうしてそう思うの？

Q その家でどんなふうに過ごしたい？

どうしてそう思うの？

Q 家の中でいちばん好きな場所は？

どうしてそう思うの？

理想の家や部屋の写真をはったりイラストを描こう

ここは、ビジュアルでイメージを膨らませるページ。インテリア雑誌から切り抜いた
お気に入りの写真やイラストなどで、あなたの理想のテイストを再確認しましょう！

私はお城の写真を
はりました

あくまで
理想なので
自由に!

文字だけでも
OK!

○ 理想の暮らし方について考えよう

Morning

理想の朝時間

朝起きてから自宅でどんな時間を過ごしたいか、理想のタイムスケジュールを書き出します。「ゆっくりお茶を飲む」「掃除機をかける」など、場面が思い浮かぶように細かく書き出し、そのために家をどんな状態にしておくべきなのかを考えて。充実した時間を過ごすために、片づけは必要不可欠だとわかりますよ。

【記入例】

P.17

「ストレッチをするためには、片づいた床が必要」など、理想の行動を実現するために意識すべきことや、片づけに関連することを具体的に書いていきます

朝の時間にときめく瞬間があると、その日一日うまくいく気がするもの。理想は細かく書くほど、現実につながりやすくなります

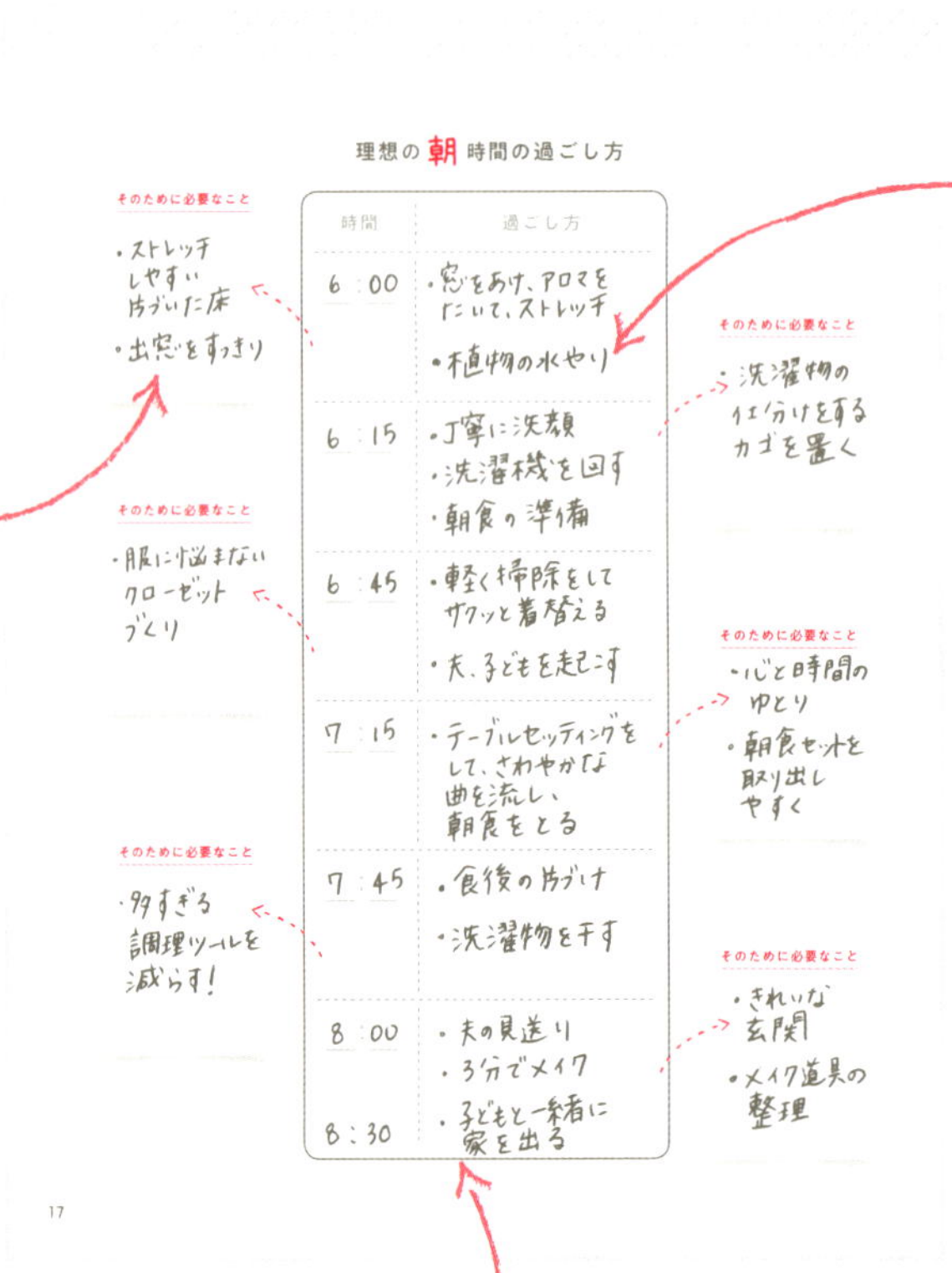

理想の朝時間の過ごし方

時間	過ごし方
6:00	・窓をあけ、アロマをたいて、ストレッチ ・植物の水やり
6:15	・丁寧に洗顔 ・洗濯機を回す ・朝食の準備
6:45	・軽く掃除をしてサクッと着替える ・夫、子どもを起こす
7:15	・テーブルセッティングをして、さわやかな曲を流し、朝食をとる
7:45	・食後の片づけ ・洗濯物を干す
8:00	・夫の見送り ・3分でメイク
8:30	・子どもと一緒に家を出る

そのために必要なこと
・ストレッチしやすい片づいた床
・出窓をすっきり

そのために必要なこと
・洗濯物の仕分けをするカゴを置く

そのために必要なこと
・服に悩まないクローゼットづくり

そのために必要なこと
・心と時間のゆとり
・朝食セットを取り出しやすく

そのために必要なこと
・多すぎる調理ツールを減らす!

そのために必要なこと
・きれいな玄関
・メイク道具の整理

17

専業主婦の方は、9時までなどと区切るといいでしょう。学生や働いている人であれば、家を出るまでの時間を「朝時間」とします

理想の朝時間の過ごし方

そのために必要なこと

時間	過ごし方
___:___	
___:___	
___:___	
___:___	
___:___	
___:___	

そのために必要なこと

そのために必要なこと

そのために必要なこと

そのために必要なこと

そのために必要なこと

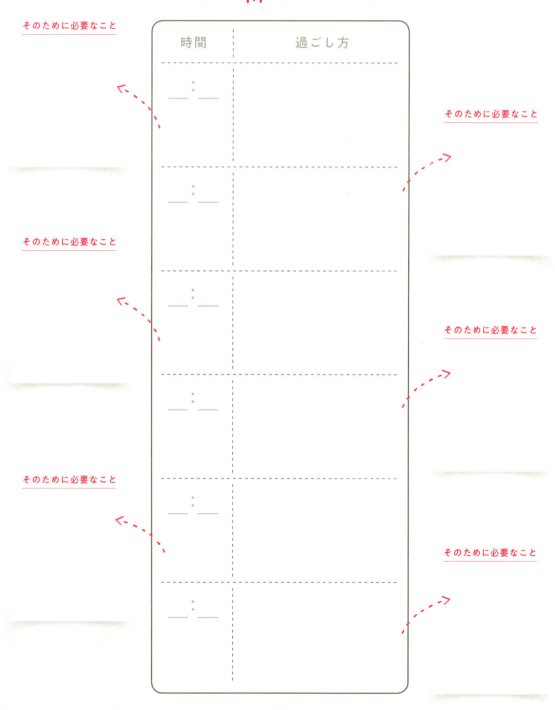

Evening

理想の夜時間

朝時間同様、仕事や学校、夕飯の買い物から帰宅後の夜時間も、理想の過ごし方を考えましょう。寝るまでの過ごし方で、睡眠の質や翌朝の目覚めも変わります。そのために住環境をどう整えるべきかまで考えます。心地よく眠るには、いかにリラックスできるかが大切なので、刺激になるようなことは避け、ほっと安らげる時間・空間づくりを意識してみてください。

帰宅後から就寝までの間、明日に備え、快適に眠るために自分がしたいことをイメージ。あまりつめ込みすぎないように

【記入例】

「テーブルにものを置かない」など、リラックスして過ごせる部屋はどんな空間なのかをイメージすると、理想の夜時間のために必要なことが、スムーズに見えてきます

P.19

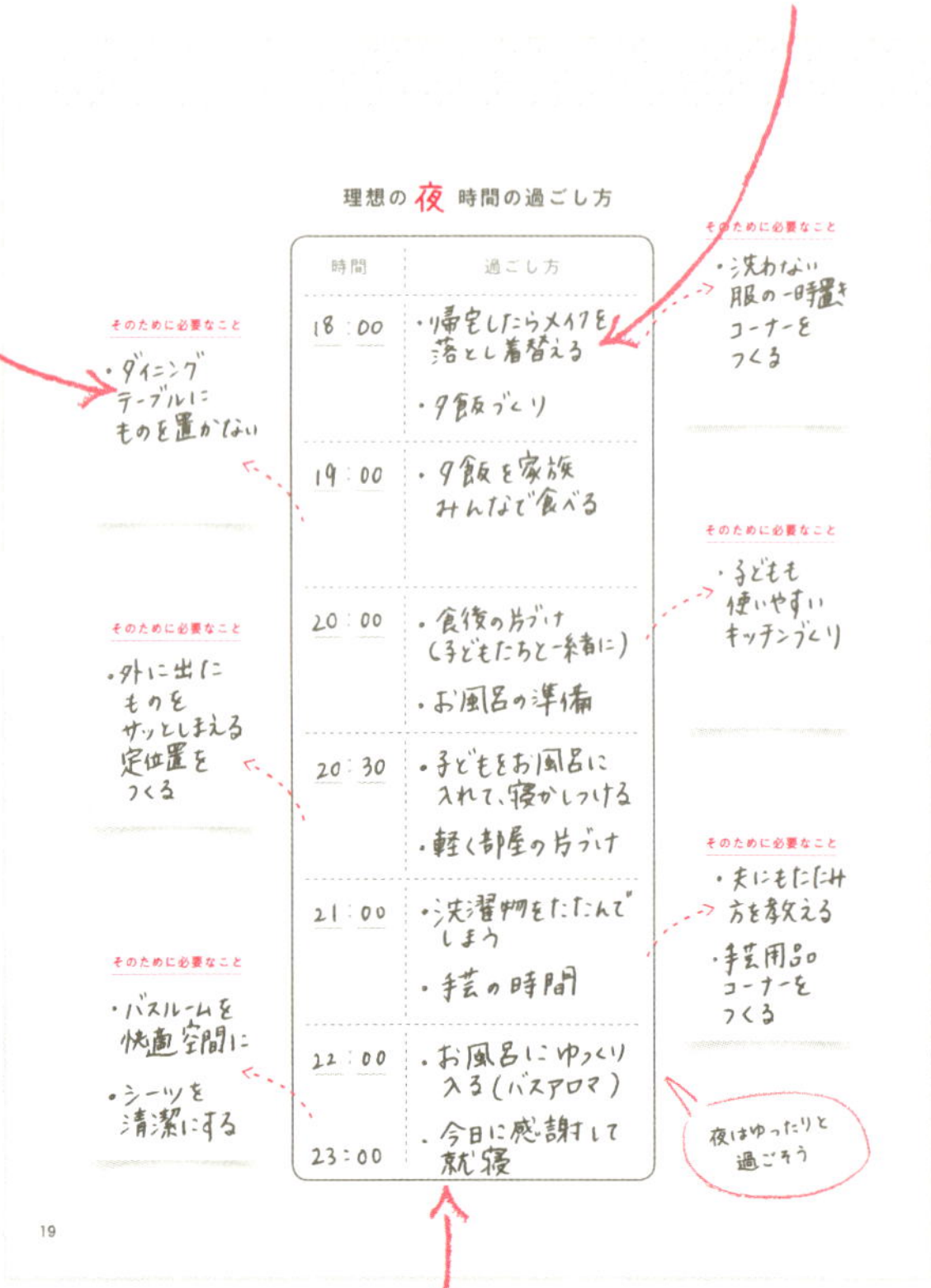

寝る直前は、身近な人たち、家やもの、今日一日に感謝を。心がリセットされ、すっきりと目覚められます

私が寝る前になるべくしないようにしていること

インターネットやスマホ検索はしない

パソコンやスマートフォンの操作は、明るい画面を見続けるので、目や脳に強い刺激を与えます。寝つきが悪くならないよう、遅い時間帯には極力見ません

冷たい飲み物は飲まない

冷たい飲み物を飲むと交感神経が高ぶり、睡眠に必要な副交感神経の働きが弱まるそう。寝る前は、ほっとできるノンカフェインの温かい飲み物にしています

理想の夜時間の過ごし方

時間	過ごし方
__:__	
__:__	
__:__	
__:__	
__:__	
__:__	

そのために必要なこと

そのために必要なこと

そのために必要なこと

そのために必要なこと

そのために必要なこと

そのために必要なこと

夜はゆったりと
過ごそう

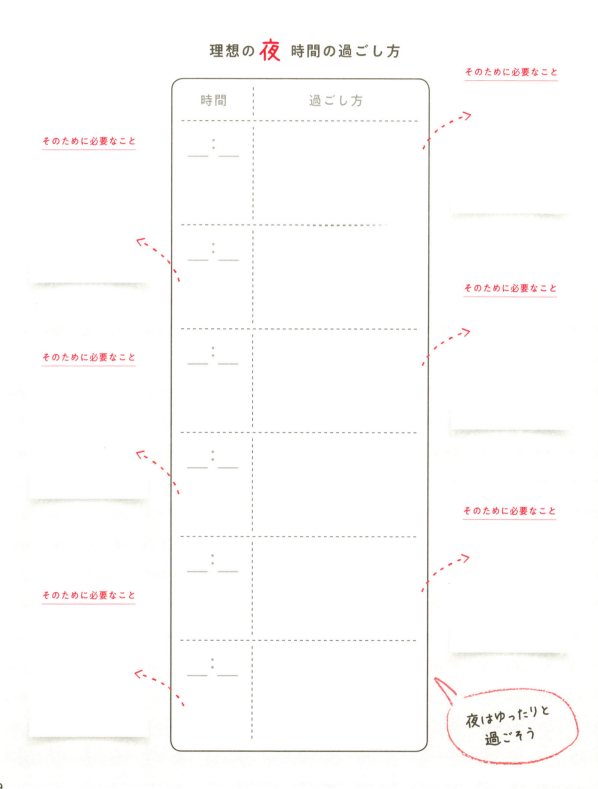

○ 家とものの現状を見つめよう

理想をしっかりとイメージできたら、次は今の家の状態をチェック。自分の家を一度冷静に眺めることで、今もっているものの量を把握することができます。そのときに大事なのが、家じゅうの収納スペースを確認してメモしておくこと。しまう場所がわかっていると、最終的に収納するときに、ものの定位置を決めやすくなります。さらに、部屋や収納スペースの写真を撮りながら回ると、散らかり具合を目の当たりにできます。片づけ前の写真があると、ここからどう変わるのか、楽しみになるはずですよ。

【 記入例 】

P.21

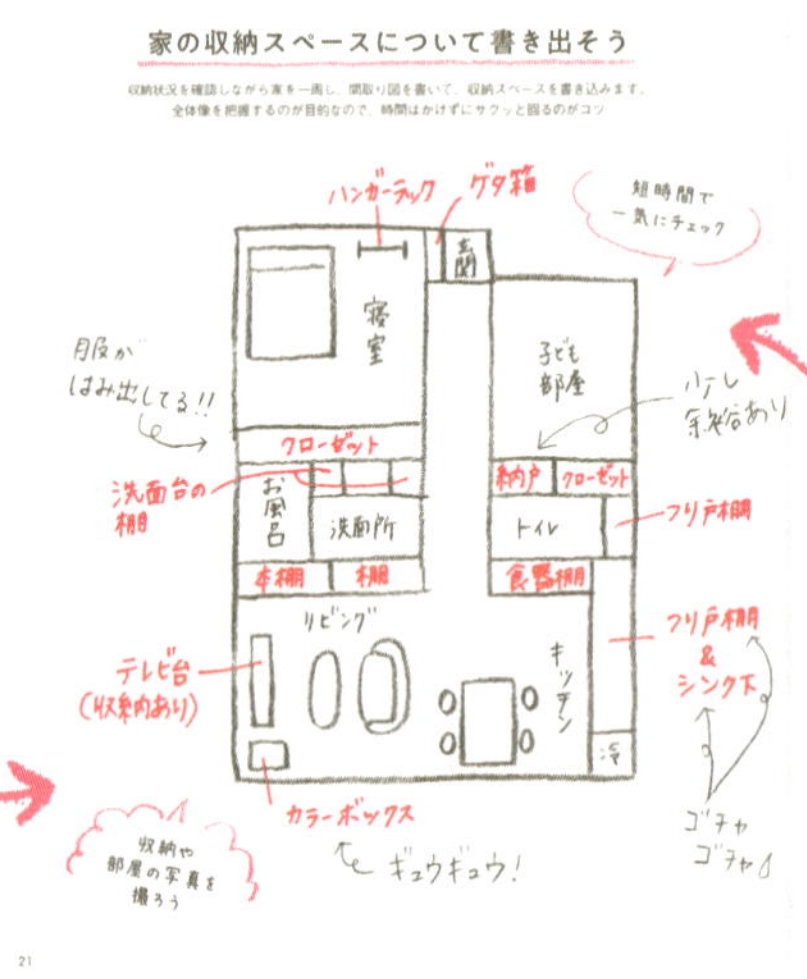

なにが入っているかは気にしなくてOK。スペースに余裕があるかどうかを見て、「ここはギュウギュウ」「ここは余裕あり」など簡単にメモを

家を一周したら、簡単に間取り図を書いて、クローゼットや棚など、どこにどんな収納スペースがあるかをざっくりと書き出します

写真はできればプリントして、はりましょう。今がひどい状態でも大丈夫。「絶対にきれいにするぞ！」と決意が固まります

P.22-23

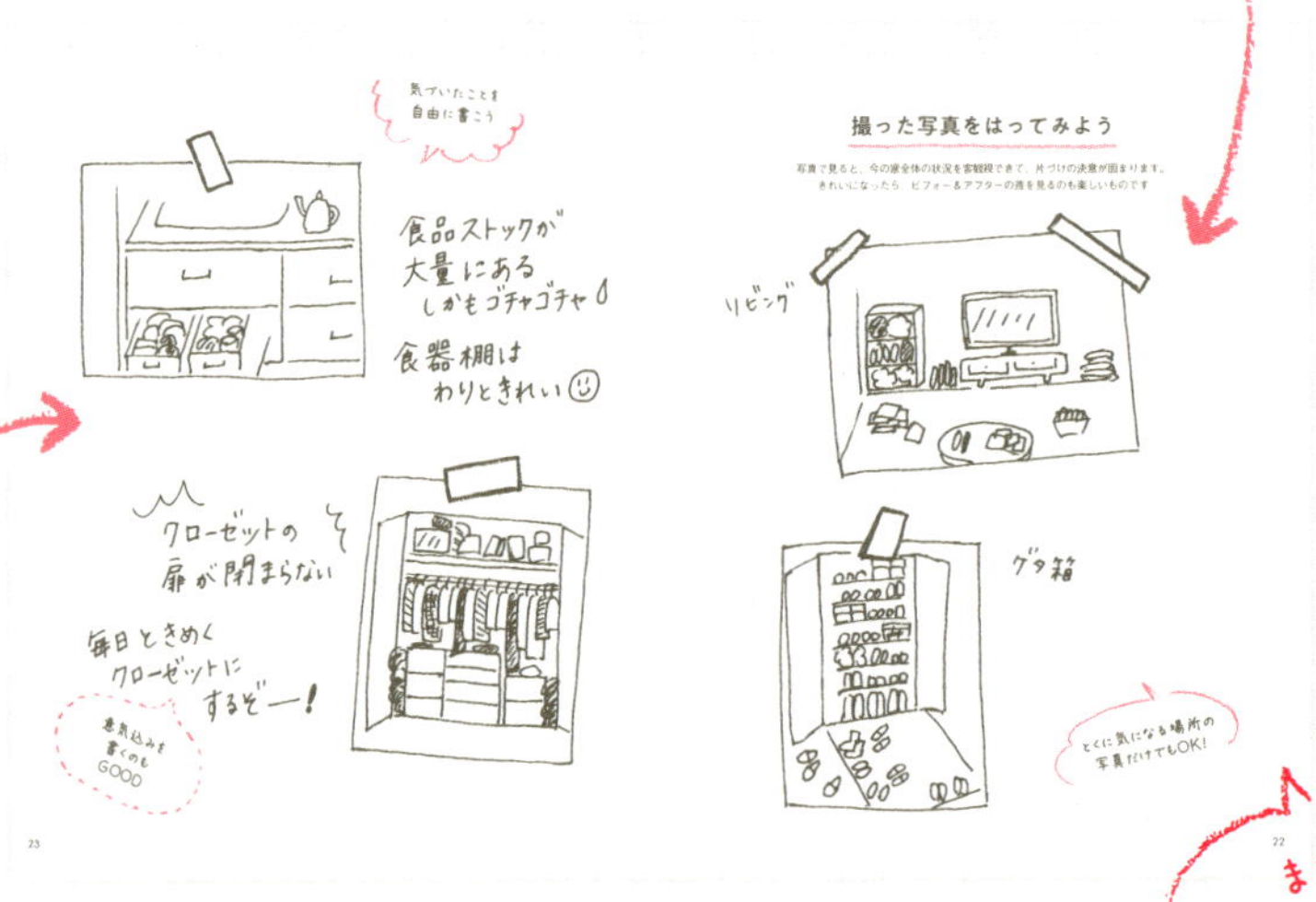

「同じ種類のものが分散して収納されている」「クローゼットが息苦しそう」「洗面所はいい感じ」など、気づいたことをどんどん、書き出して

まず家を一周しよう

家の収納スペースについて書き出そう

収納状況を確認しながら家を一周し、間取り図を書いて、収納スペースを書き込みます。

全体像を把握するのが目的なので、時間はかけずにサクッと回るのがコツ

短時間で
一気にチェック

収納や
部屋の写真を
撮ろう

撮った写真をはってみよう

写真で見ると、今の家全体の状況を客観視できて、片づけの決意が固まります。
きれいになったら、ビフォー＆アフターの差を見るのも楽しいものです

とくに気になる場所の
写真だけでもOK!

気づいたことを
自由に書こう

意気込みを
書くのも
GOOD

片づけ期間を決めよう

私は片づけを「祭り」と呼んでいます。祭りはだらだらやり続けるのでなく、短期間で一気に終わるもの。いつ始めていつ終えるか、今、その期間を決めてしまいましょう。「片づけ祭り」を終えたあと普段やることは、使ったものを定位置に戻すだけ。これまで苦労してきた片づけから解放され、お気に入りの空間で穏やかに暮らす日がやってくるのです。そう考えると、片づけが楽しいイベントのように思えてきませんか?

かける期間はあなたの自由。つい先延ばしにしがちなことを、区切ることが大切なのです。

目標設定

衣類	月　日　時に始めて 　月　日　時に終える
本類	月　日　時に始めて 　月　日　時に終わる
書類	月　日　時に始めて 　月　日　時に終わる
小物類	月　日　時に始めて 　月　日　時に終わる
思い出品	月　日　時に始めて 　月　日　時に終わる

すべてのものを

　年

　月　日までに

片づけ終える!

終了日はいつでも書き直しOK

いざ片づけを始めてみたら、思ったよりも時間がかかって目標どおりにいかなくても、めげないで。終了日はいつでも書き直して問題ありません。大事なのは、いつでも締めきり日がきちんと設定されていること。ものが多い人や時間がない人は、すべての終了日を一度に決めるのではなく、「とりあえず衣類まではこの期間でやろう」などと、ジャンルごとに決めていくのでもいいですよ

片づけ期間の参考例

これまで、私の片づけレッスンを受けてくれた方の体験談を紹介します。
タイプの近い人を探し、片づけ期間を決めるための参考にしてください

忙しくて余裕がない じっくり少しずつタイプ

30代 ワーキングマザーの Tさんは8か月で終了

5LDKに家族５人暮らし。ヘタにスペースがあるため、とにかくものだらけ。初めは手放すことがなかなかできませんでした。１か月に１回のレッスンを続け、キッチン小物に手をつけた５回目くらいから家の中がすっきりし始め、家族も協力して片づけるように。全８回、８か月で家も家族も変われました

40代 超多忙ワーキングウーマンの Iさんは1年半で終了

2DKにひとり暮らし。とにかく服が多く、１回目は８時間休みなしでチェックし続け、２回目で衣類の小物を片づけ。数か月に１回、計６回のレッスンで家全体の片づけが完了しました。今思えば、有給をとってもっと早く終わらせてもよかったかな。それでも自己流よりサクサク進み、うれしかったです

すぐに終わらせたい 短期集中タイプ

40代 転勤族主婦の Yさんは2週間で終了

2LDKに家族３人暮らし。夫に１か月後の転勤辞令が出たのを機に受講。２週間で４回のレッスンでは、１回目で衣類から書類まで、２、３回目で小物類、４回目で思い出品を片づけ。サイズアウトした子どもの服や使わない食器、大量の書類などを手放すことに成功し、引っ越し費用も抑えられました！

30代 ワーキングウーマンの Kさんは1か月半で終了

1LDKにひとり暮らし。１か月半に４回のレッスンで片づけ完了。１回目に衣類、２回目に本類と書類、３回目はキッチン以外の小物、４回目でキッチン小物と思い出品を片づけました。レッスンの間に自分でも細かい片づけを進めたので、短期間でテンポよくでき、最後には自信がつきました

さあ、片づけの準備は完了です！

理想の暮らしを思い浮かべて、家の現状も把握できたら、いよいよ片づけスタートです。

途中で何度も見直せるように、あなたの決意や今の思いを書き込みましょう

最初に書いたときよりも具体的に書こう

Q あらためて、どんな暮らしがしたいですか？

Q ずばり、今の心境は？

Q 意気込みをどうぞ

Chapter 2

「衣類」を片づけよう！

片づけのスタートは、衣類から。残すか捨てるかの判断がしやすく、カテゴリーがはっきりしているので最初に手をつけるのに向いているのです。

ノートをつけながら、たくさんの衣類から選び抜く作業をすることで、「ときめき感度」も育っていきます。

こんまり流のたたみ方、しまい方も参考にしてくださいね

始めた日と終えた日を書き込もう

スタート	年　月　日　時
終了	年　月　日　時

リバウンドしない片づけ方

衣類の片づけは、家じゅうから衣類を集め、ときめくものを選び、たたんで、しまうという4ステップ。バッグ類や靴もここに入ります

1 集める

自分の衣類を家じゅうから出して集める

家じゅう見渡して自分の衣類をひとつ残らず出して一か所に集め、積み上げます。ほとんどの人が、その量の多さにびっくりするはず。ノートに書いて、もっているものの量を把握することが大切。いざ、「洋服山」に挑みます！

2 ときめくものを残す

ひとつずつ触れて ときめくものだけを残す

「洋服山」からひとつずつ手に取り、ときめくかどうかを確認。「あまり着てないから」「部屋着ならいいかも」といった理由で残すのはNGです。ときめくものだけを残して。全部選び終わると、3分の1から4分の1の量になる人も

ときめき判断の順番

心臓に近いアイテムほど、ときめくかどうかの判断がつきやすいので、トップスから始め、左の順番で進めていくと効率的です。衣類の量があまりに多かったり、まとまった時間が取れない場合は、カテゴリーごとに分けて片づければ無理がありません

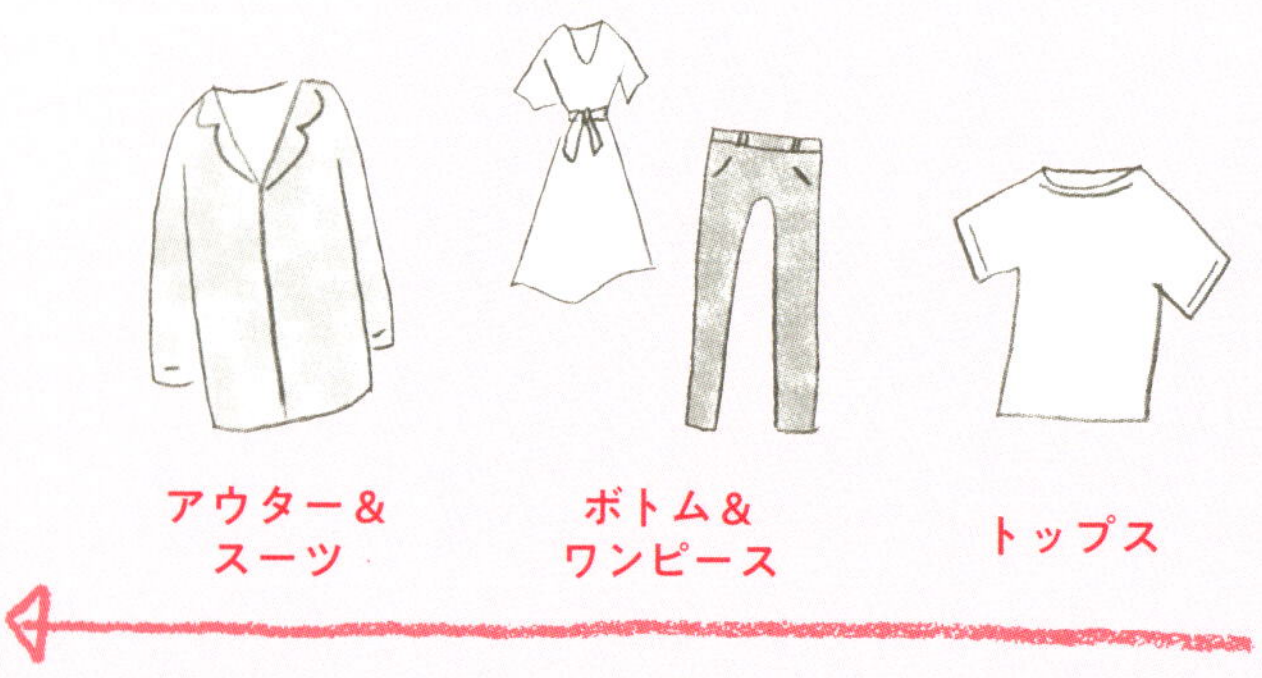

3 たたむ

たためるものは全部たたむ

衣類は「たたむ収納」と「かける収納」がありますが、たたむ方が断然、収納力があります。また、手を使ってたたむことで、服にエネルギーが伝わります。コートなどかけた方がかさばらない服以外、どんどんたたんでいきましょう

4 しまう

かけるもの→たたんだものの順にしまう

しまうときは、かけるものから。このとき、丈の長いものを左、短いものを右にすると、「右肩上がり」のラインができて心地よく感じます。かけながら、さらにたためる服を見つけたら、たたんで。その後、たたんだ服をしまいます

クローゼットが
ときめく服だけに
なりますよ！

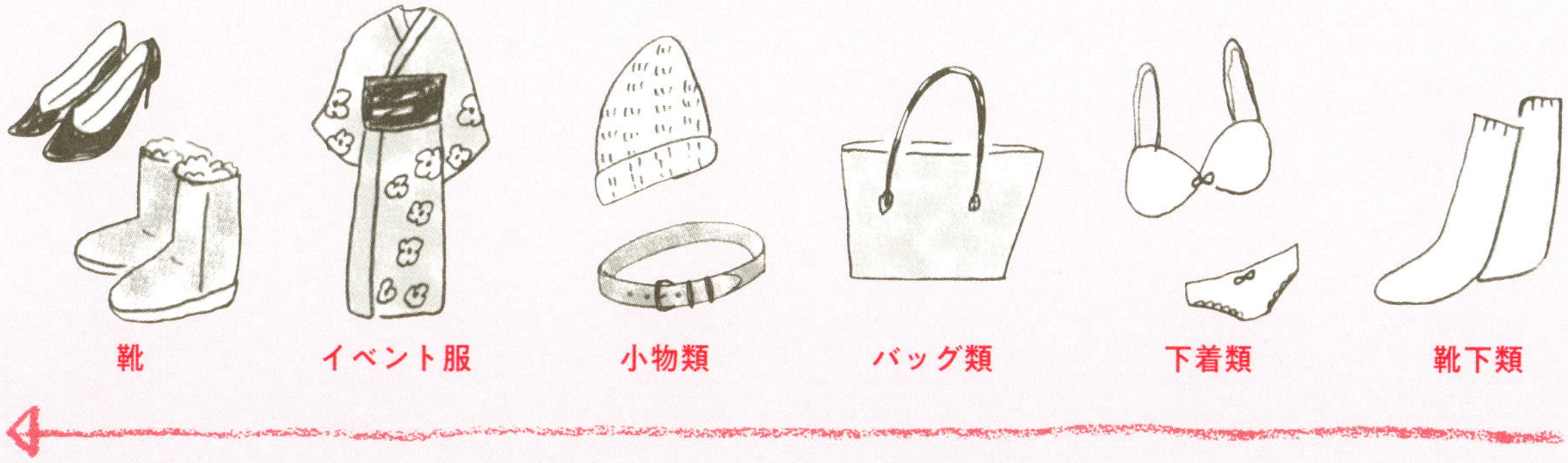

Check
□ トップス

Tシャツやブラウス、カットソー、セーターなどのトップスは、比較的ときめくかどうかわかりやすいアイテム。集めた服を見て気づいたことをノートに書き出し、ときめくものを残し、たたみます。ときめかないと判断したものは「今までありがとう」と感謝してから手放して。

ひとつずつ触れて ときめくものだけ残そう

なかなか判断がつかないときは、今すぐ着る必要のないオフシーズンのトップス類から始めると、ときめくかどうかわかりやすいもの。迷ったら下のチェックワードで自分に問いかけてみて

迷ったときのときめきチェックワード

- □「前に着たのは、いつ頃？」
- □「次のシーズンも会いたい？」
- □「これからも大切にしたい？」
- □「着ている自分にときめく？」

ときめかなかったものは お礼を言ってから手放そう

どのくらいあった?

ゴミ袋 2袋分、服30着 など
ざっくりとした分量でOK

全部集めて 気づいたことを書き出そう

例）
- 黒い服が多い
- Tシャツが60枚もあった
- ほつれた服が思ったよりあった

次の買い物の参考にして

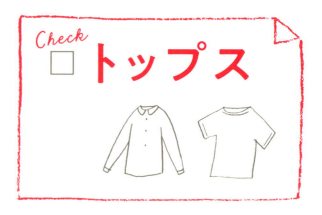

たためるものは立てて収納できる形にたたむ

たたむ服はすべて、細長い長方形にたたむことからスタート。そして最終的に自立する「小さな四角形」にすること。正しくたたむと服は立ちます。慣れるまでは、立つかどうかを基準に調整していけば必ずマスターできます

長袖のたたみ方

1

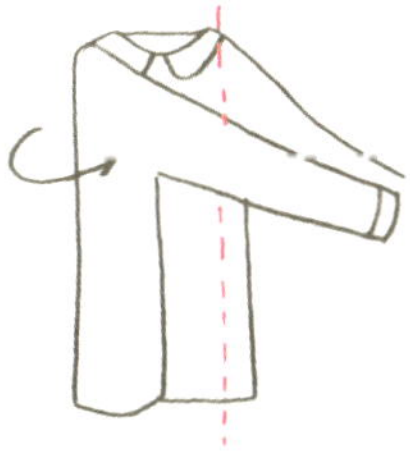

基本の半袖のたたみ方と同様に、前身ごろの片側1/3を手前に折る。

2

反対側の1/3ラインからはみ出た袖を逆サイドに折る。

3

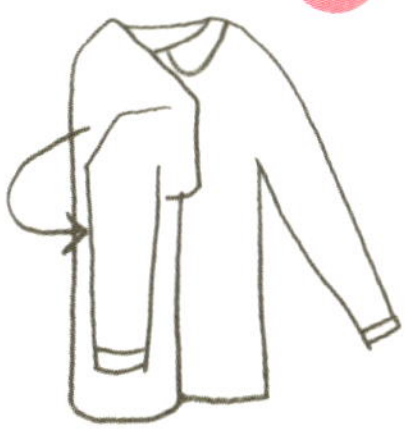

袖が身ごろに沿うように、下に向かって折る。

4

もう片側も同様に折って長方形にする。

5

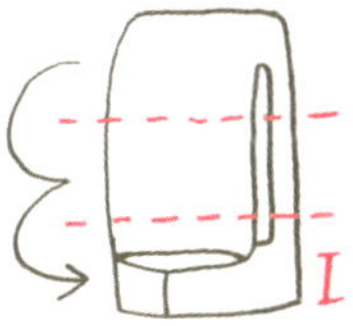

衿側から裾に向かって縦半分に折る。さらに折り目から裾に向かって2、3回折り重ねる。

6

自立する小さな四角形になれば完成。テロンとした素材は、立たなくてOK

基本の半袖のたたみ方

1

前身ごろを上にして広げ、片側1/3を手前に折る。

2

反対側の1/3ラインからはみ出た袖を逆サイドに折る。

3

もう片側を同様に折って、長方形にする。

4

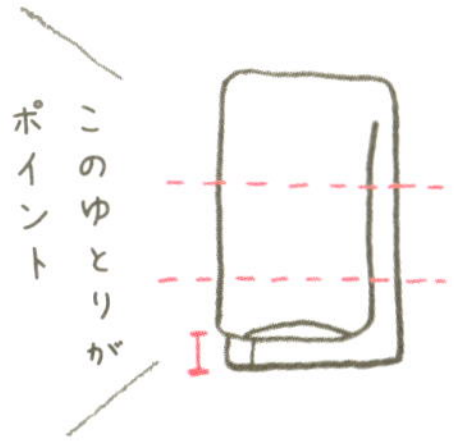

衿側から裾に向かって縦半分に折る。裾に少しゆとりをつくると、たたみ上がりがきれいに。

5

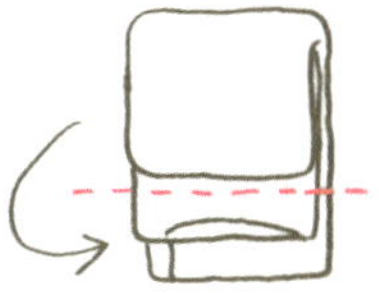

折り目から裾に向かって2、3回折り重ね、小さめの四角形にする。

6

折った形のまま、服が自立すれば完成。うまく立たないときは、身幅やたたむ回数を調整する。

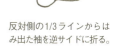

続いてチェックするのはボトムとワンピース。スカート、パンツ、デニム…とアイテムごとに分けて選んでいくとスムーズです。「やせたら着る」つもりのアイテムがあれば、その日を楽しみに努力する自分をイメージして、ときめくかをチェック。執着の気持ちしかないなら手放しどきです。

Check □ ボトム&ワンピース

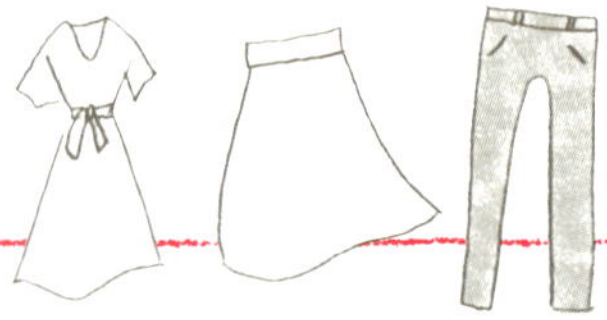

ひとつずつ触れて ときめくものだけ残そう

パンツ好きなら先にスカートから、と冷静に判断しやすいものから触れていくとスムーズ。ボトムは下半身を支えるもの。本当にときめくものを残して

「もったいないから部屋着にする」はNG

残さなかった服を部屋着に「降格」させる人が多いですが、結局着ません。ときめかない服を手放すことを先延ばしにしているだけです。ときめく部屋着を別途用意しましょう

ときめかなかったものはお礼を言ってから手放そう

どのくらいあった?

ゴミ袋２袋分、服30着など
ざっくりとした分量でOK

全部集めて 気づいたことを書き出そう

例）・デニムが15本もあった
・はけなくなったパンツ発見
・似たようなデザインのスカートが多い

今の体形や流行に合っている?

たためるものは立てて収納できる形にたたむ

パンツやスカートも、たたむときはまず縦長の長方形にします。デニムやコットン、ウールなどの素材のものは基本たためますが、センタープレスのパンツや、シワになりそうなスカート、ワンピースは、かける収納へ

ワンピースのたたみ方

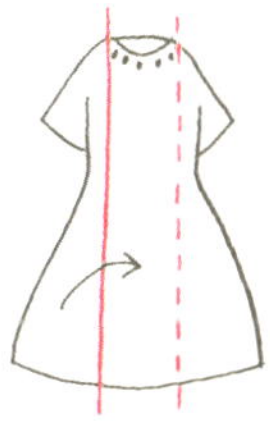

1 前身ごろを上にして広げ、片側1/3を手前に折る。

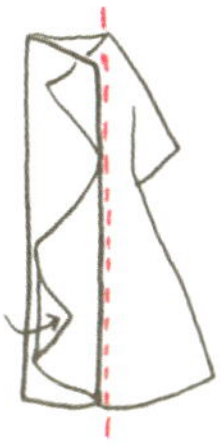

2 反対側の1/3ラインからはみ出た袖と裾を逆サイドに折る。裾が広がったタイプは、折り目からはみ出した分をさらに折る。

折り紙を折るイメージで

3 もう片側を同様に折って、長方形にする。

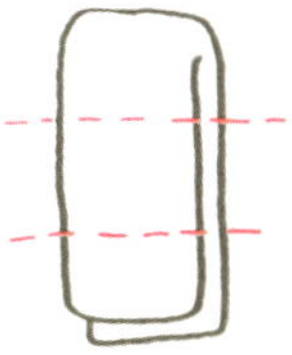

4 裾を少し残して、衿側から裾に向かって縦半分に折り、さらに2、3回折る。

5 自立する小さな四角形になれば完成。

スカートのたたみ方

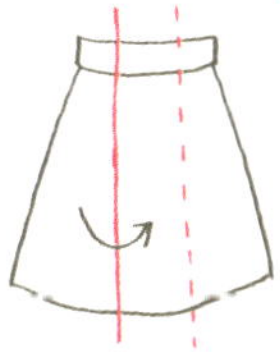

1 前部分を上にして広げ、片側1/3を手前に折る。

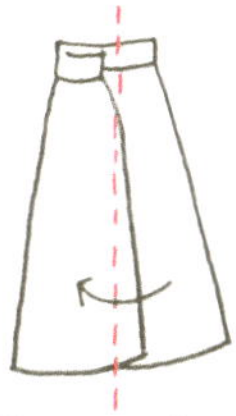

2 反対側の1/3ラインからはみ出た裾を逆サイドに折る。

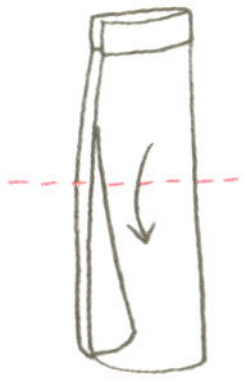

3 もう片側を同様に折り長方形にしたら、裾を少し残して、ウエスト側から裾に向かって縦半分に折る。

4 折り目から裾に向かって2、3回折り重ね、小さめの四角形になれば完成。

ロングスカートは巻いてもOK

パンツのたたみ方

1 前部分を内側にして横半分に折り、お尻のでっぱりを手前に折り込む。

少しずらすのがポイント！

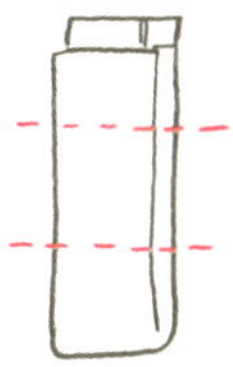

2 裾側からウエストに向かって縦半分に折り上げる。ベルトループ部分に重ならないようにすると、たたみ上がりがきれいに。

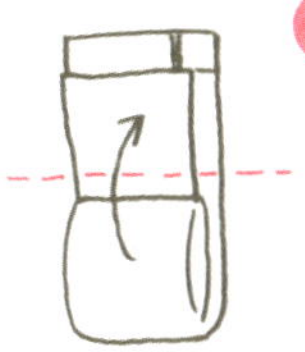

3 さらに長さが1/3になるように2回折り上げる。

4 自立する小さな四角形になれば完成。たたむ回数は長さによって調整を。

ジャケットやスーツ、コートなどのたたまない服は、かけて収納するのが基本。ときめくものを選び終わったら、ハンガーをつけたままよけておきましょう。ニットコートやダウンコートなどのアウターはたためるので、今すぐ着ない時季であれば、たたんで収納してもOKです。

Check □ アウター＆スーツ

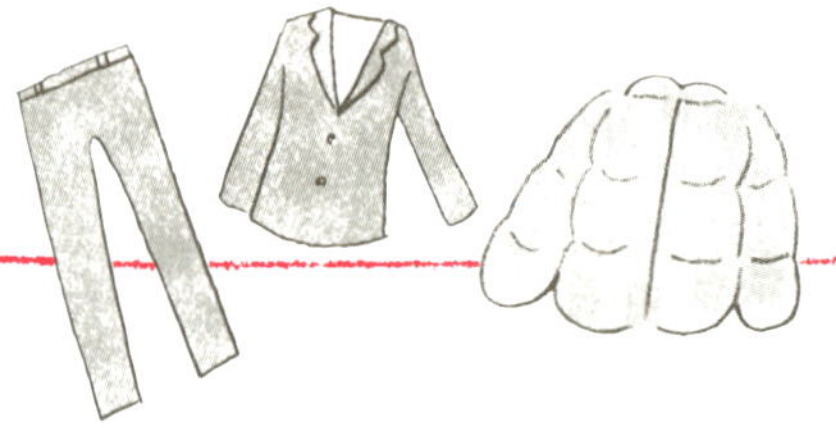

ひとつずつ触れて ときめくものを残そう

高かったコートやスーツは手放しにくいですよね。そんなときは、実際に着て鏡に映してみて。身に着けると違いがはっきりし、判断しやすくなります

ときめかなかったものは お礼を言ってから手放そう

どのくらいあった?

ゴミ袋2袋分、服30着 など
ざっくりとした分量でOK

たたまれたくなさそうな服は「かけるもの」として分けておく

もともとかけて収納していた服は、基本的には「かけるもの」としてハンガーをつけたまま分けておきます。ほとんどの服をかけて収納していた人は、「折り曲げられたくなさそうな」服以外は、たたみましょう

全部集めて 気づいたことを書き出そう

例）・コートに穴があいていた
・流行遅れのスーツがあった
・何年も着ていないジャケットが3着も！

高かったという理由だけでもっているコートはない?

たためるものはゆったりめにたたむ

ニットコートやダウンコートは、生地が厚く空気を多く含んでいるので、ゆったりたたみます。ボリュームがあって場所を取りすぎる場合は、エコバッグや巾着袋に入れ、空気を抜くようにして収納するのがおすすめ

ダウンコートのたたみ方

1

前身ごろを上にして広げ、横半分に折りたたみ、袖を重ねて手前にたたんで長方形にする。

2

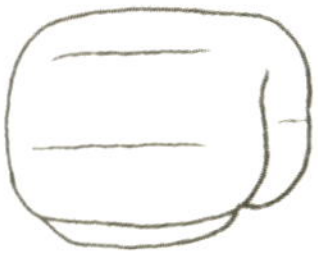

コートの長さによって、衿側から裾に向かって1/3ずつ折りたたむか、縦半分に折る。そのまま引き出しに収納してもOK。

3

ギュッギュッと
空気を抜いて

よりコンパクトにするなら、ふた回りほど小さいエコバッグや巾着袋に空気を抜きながら入れる。

完成！

4

エコバッグや巾着袋を横にした状態で収納。袋がなければ風呂敷などで包んでも。

ニットコートのたたみ方

1

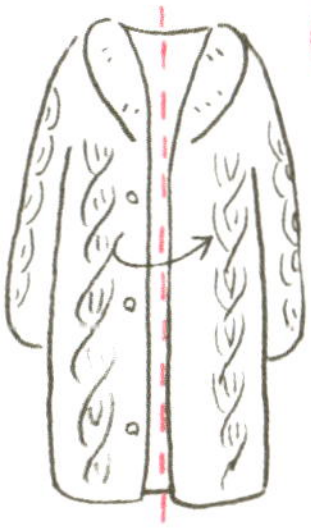

前身ごろを上にして広げ、横半分に折る。

2

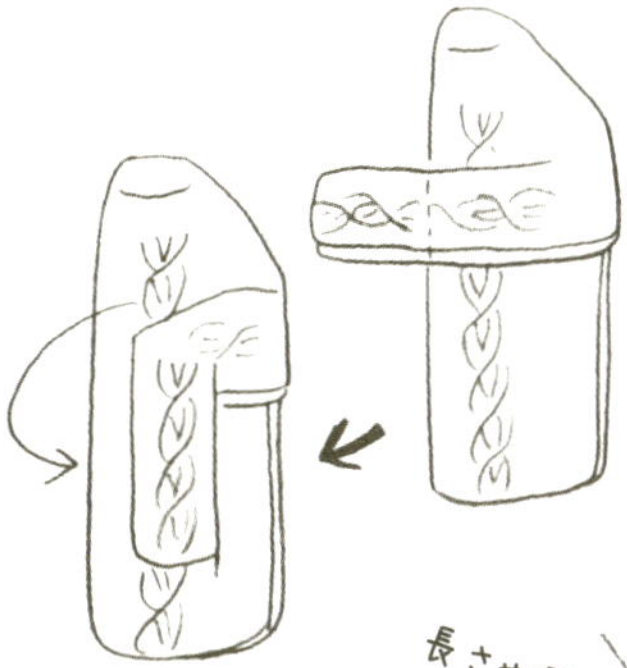

袖を重ねて逆サイドに折り、袖が身ごろに沿うように下に向かって折り、縦長の長方形にする。

3

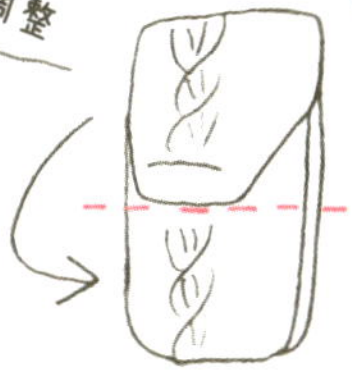
長さや厚さに
応じて調整

コートの長さによって、衿側から裾に向かって1/3もしくは1/4ずつ折りたたむ。

完成！

4

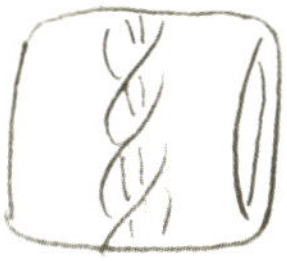

小さな四角形になれば完成。空気を多く含んでいるので、自立を目指さなくてOK。

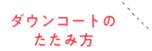

量が多ければ、靴下、タイツ、ストッキング、レギンスと分けて選びます。パッケージに入ったままのストッキングなど、ストック分も忘れずに集めること。選び終えたら丁寧にたたみます。丸めたり、結んだりはナシ。はかない間ゆっくり休めるよう、心地よい状態にしてあげましょう。

Check □ 靴下類

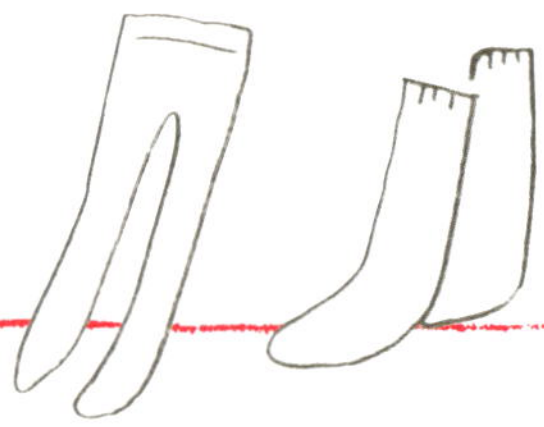

残したものは立てて収納できる形にたたむ

靴下のたたみ方

小さい靴下

ペタンコ靴やスニーカー用の小さい靴下は、1足分重ねて、半分に折りたたむ。

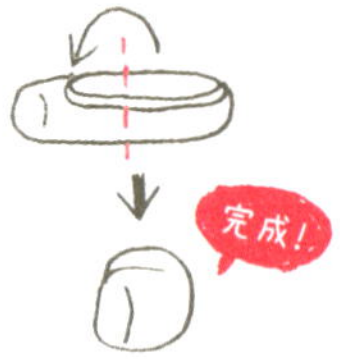

普通の靴下

普通の長さの靴下は、1足分重ねて縦半分に折って長方形にする。さらに、長さに合わせて2、3回折り重ね、小さめの四角形に。

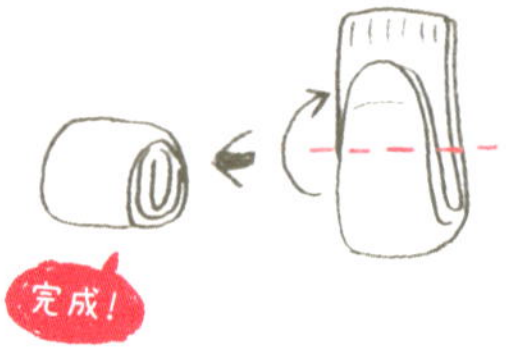

ストッキングのたたみ方

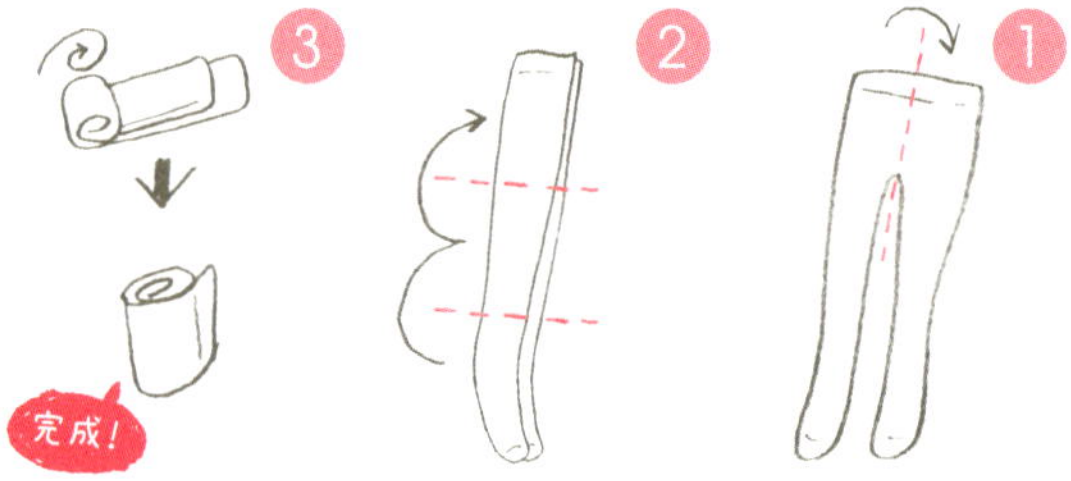

1. 前部分を内側にして、股上のところで横半分に折る。
2. つま先側から、ウエストに向かって三つ折りにする。
3. 折り目からウエストに向かってくるくると巻いて、筒状になれば完成。

全部集めて気づいたことを書き出そう

例）・ストッキングのストックが多い
・片方しかない靴下があった

ひとつずつ触れてときめくものだけ残そう

なんとなくもちがちな靴下類は「仕事モードになる」「気持ちが引き締まる」など、前向きな感情を優先して

今の暮らしに役立つ靴下は「ときめき」認定を

ナチュラルストッキングや、仕事・学校用靴下など、一見ときめきと無関係のものでも、今の暮らしに役立つなら「ときめくもの」です。状態のいいものだけを残して

ときめかなかったものはお礼を言ってから手放そう

どのくらいあった？　レジ袋１袋分、靴下20足など

Check □ **下着類**

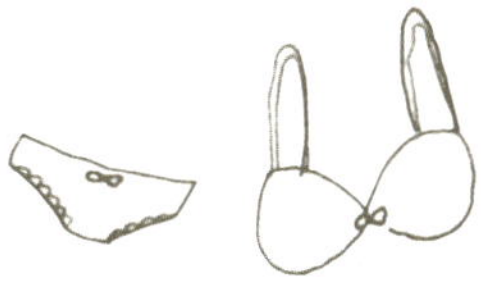

ブラジャーやショーツに加え、ブラトップ、ガードル、ペチコート、腹巻きなどの防寒下着もこのカテゴリーです。このなかでもブラジャーは、私が敬意を払って「おブラさま」と呼ぶVIP扱い。あなたの魅力を底上げしてくれるものだけを残して。たたみ方もときめき感を大事にします。

残したものは丁寧にたたむ

VIP扱い

ブラジャーのたたみ方

1

裏返しにし、ストラップとアンダーベルトをカップの中に収める。

2

表に返してカップがつぶれていないか確認し、完成。

完成！

ショーツのたたみ方

1

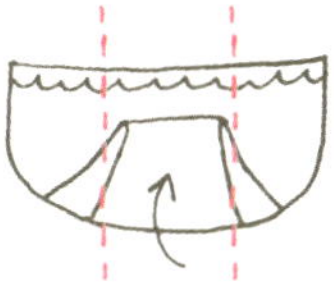

お尻側を上にして広げ、クロッチ（股布）部分を内側に折り上げる。

2

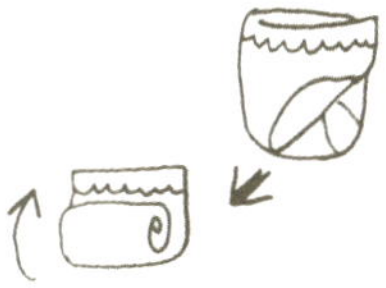

クロッチ部分を包み込むように左右を折りたたみ、下の折り目からウエストに向かってくるくると巻く。

完成！

3

裏返して、おへそ側上部の飾りが見える筒状になっていれば完成。

全部集めて気づいたことを書き出そう

例）・ヨレッとした下着が多い
・ブラジャーを１年以上新調していない

ひとつずつ触れてときめくものだけ残そう

体に直接触れる下着こそ妥協はしないで。「つけた自分に自信がもてるか」を考えると選びやすいです

実用系の下着は幸せにしてくれるかを基準に

防寒下着など実用的なものは、「温かい」「つけるとホッとする」というように、自分を幸せにしてくれるものであれば、「ときめき」認定。迷ったらそこを基準に判断して

ときめかなかったものはお礼を言ってから手放そう

どのくらいあった？

ブラ１枚、ショーツ３枚など

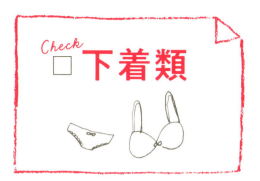

Check □ バッグ類

古いバッグを捨てられずにいませんか？ バッグは捨てないものだと思っている人は意外と多いもの。意識して世代交代をしないと、いつの間にか大事なバッグが埋もれていきます。残すものが決まったら、たたんだり重ねたりして、できるだけコンパクトにまとめて。ショップ袋やエコバッグもここで片づけましょう。

● 全部 集めて
気づいたことを書き出そう

例）・もらったエコバッグが10枚以上も！
　　・奥から出した革のバッグにカビが生えていた

＿＿＿＿＿＿＿＿＿＿＿＿＿＿＿＿＿＿
＿＿＿＿＿＿＿＿＿＿＿＿＿＿＿＿＿＿
＿＿＿＿＿＿＿＿＿＿＿＿＿＿＿＿＿＿
＿＿＿＿＿＿＿＿＿＿＿＿＿＿＿＿＿＿

（バッグの世代交代してる？）

● ひとつずつ触れて
ときめくもの だけ残そう

毎回使うか迷って結局出番のないバッグは、もう役目を終えたもの。手で触って確かめるとわかります

● ときめかなかったものは
お礼を言ってから手放そう

（どのくらいあった？） エコバッグ5個、リュック1個など

● 残したものは たたむ&重ねる

エコバッグのたたみ方

① バッグを広げ、ひもを重ねて手前に折り、中央で横半分に折る。横幅があるものは、三つ折りに。

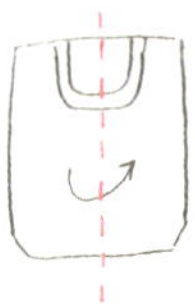

② 口側から底に向かって縦半分に折り、さらに半分に折る。

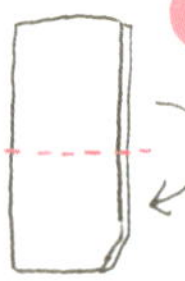

③ 完成！ 自立する小さな四角形になれば完成。やわらかい素材のものは立たなくてOK。

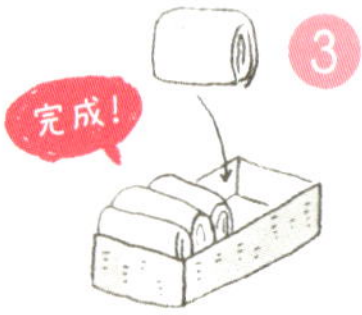

「バッグインバッグ」方式

バッグの中身をからにし、素材や大きさ、使用頻度が近いバッグを組み合わせ、入れ子にする。ただし1つのバッグに入れるのは最大2つまでに

ショップ袋は冷静に「数」を意識して片づける

サブバッグ用についストックしがちなショップ袋は、実際に使っている数を冷静に考えて判断を。ファイルボックスなどかたいものに入れておくと、むやみに増えるのを防げます

Check □ 小物

小物は、マフラーやストール、ベルト、手袋、帽子、服の付属品など「装い」にまつわるこまごましたものたち。あちこち分散していることが多いのですが、すべて集めて選んでいきます。残したものでたためるものはたたみ、ベルトは巻いてコンパクトにするか、かける収納にしても。

全部集めて気づいたことを書き出そう

例）・重ねてシワになったストールが何枚も
・黒のベルトばかり5本もっていた

ひとつずつ触れてときめくものだけ残そう

奥にしまい込んで忘れていて久しぶりに見た、というものから始めると、さくさく進みます

ときめかなかったものはお礼を言ってから手放そう

どのくらいあった？

ゴミ袋１袋分、小物10個など

「なにかに利用できるかも」は"ときめき"ではありません

コートについていたファーや、スカートと共布のリボンなどの付属品を、なんとなくとっておくのはNG。ときめくものなら使い道を考え、ときめかないなら手放して

選んだものは小さくたたむ＆巻く

ストールのたたみ方

1 ストールを広げて横半分に折る。横幅があるものは、三つ折りに。

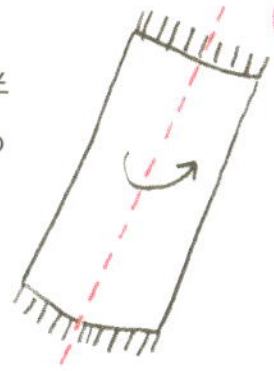

2 縦半分に折りたたみ、フリンジがついている場合は内側に折り込むようにし、2、3回折り重ね、小さな四角形になれば完成。

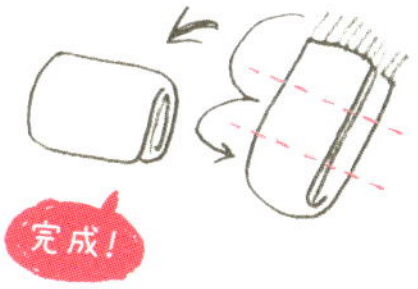

ベルトの巻き方

ベルトは、バックル側に向かって先端からくるくると巻く。

引っかけ収納でも！

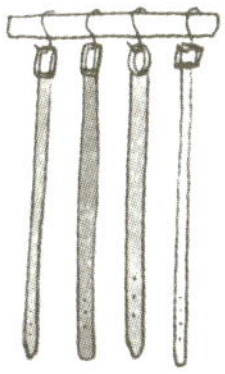

クローゼットにスペースがあれば、フックや専用ハンガーなどを使い引っかけ収納にしても。使いやすい方を選んで。

Check □ イベント服

水着や浴衣、スキーウエア、クリスマスのサンタクロース服、発表会用の衣装など、たとえ年に1回しか身に着けないものでも、ときめくならもちろん残してOKです。茶道をやっていて着物が何枚もあるなど、数が多い場合は別に分けておいて、「趣味のもの」（P.83）のときに判断してもかまいません。

残したものでたためるものは立てて収納できる形に**たたむ**

スキーウエアや水着、ハロウィーンやクリスマスの衣装、ダンス用のドレスなどは、服と同様に、小さな四角形になるようにたたんで。浴衣や着物は本来の平らなたたみ方のままで

しまうときは細かく分けず「イベントもの」でひとまとめに

イベント服は、種類で分けずに大きめの衣装ケースにざっくりまとめると、どこにしまったか迷わず安心です。同じ行事の服であれば「イベントもの」（P.91）と一緒に収納しても

全部**集めて**気づいたことを書き出そう

例）・今年のハロウィーン衣装、来年は着れないな
・3年前に手づくりしたドレス、やっぱりときめく！

ひとつずつ触れて**ときめくもの**だけ残そう

水着などは、着られたとしてもじつは流行遅れ、なんてことも。次のシーズンも必ず着たいか確認を

コスプレ衣装は部屋着にするのも手

昔着たコスプレ用の衣装など、外には着て行けないけれど、ときめく服は、部屋着にするのも手。部屋でときめきに浸るもよし、鏡に映してわれに返り、手放すもよしです

ときめかなかったものはお礼を言ってから手放そう

どのくらいあった？

水着2着、イベント服5着など

衣類の片づけの最後は靴です。靴もけっこうボリュームがあるので、イベント服までの収納を終えてから手をつけます。靴を片づけることによって、ゲタ箱のある玄関まですっきりできるのもうれしい効果。家の顔である玄関がきれいに片づくと、おうち全体の空気感も軽くなります。

Check □ 靴

ひとつずつ触れて ときめくものだけ残そう

ときめく靴は、あなたをすてきな場所に連れていってくれるもの。そう考えると、残したいのはどれ?

お気に入りでも 履くと痛い靴は手放そう

デザインがお気に入りでも、履いてみて足が痛くなる靴は、結局履きません。オブジェとして飾るほどの覚悟がもてるもの以外は、手放すのが最良の策です

ときめかなかったものは お礼を言ってから手放そう

どのくらいあった?

パンプス１足、スニーカー3足など

残した靴は靴底をきれいに ふいてあげよう

普段、目を向けられることのない靴底ですが、文字どおり身をすり減らしてあなたを支えてくれています。感謝を込めてきれいにふくと、あなたの心まですっきりクリアになりますよ

家じゅうの靴を 一か所に集めよう

部屋に新聞紙を敷き、玄関だけでなく押し入れなど家じゅうにあるすべての靴を集めます。パンプス、スニーカー、ブーツなど、種類別に並べると、見やすくて判別もしやすいです。室内用スリッパも一緒にチェックを

全部集めて 気づいたことを書き出そう

例）・同じパンプスばかり履いている
・洗った方がいいスニーカーがある

カビてしまってる靴はない?

さあ、一気にしまいましょう

いよいよ最終段階。残した衣類の定位置を決め、収めていきます。私が提案しているのは、衣替えのいらない収納。出し入れの手間もなくなりますし、もっている服の量も把握しやすいんです。まずは、たたまずにかけた方がよい服から。同じカテゴリーのものは隣り合わせにしながら、「右肩上がり」にかけていきます。

STEP 1

Check

□ かける服を右肩上がりにしまう

「右肩上がり」を意識しながら服をかけていく

右に上昇するラインは気持ちが上向きになるもの。左から右へ、コート、ワンピース、スーツ、シャツ…と、丈が短くなるようにかけていきます。また、生地は厚い順、色は濃い順に左から右へグラデーションを意識して並べると、扉をあけるたびにときめきますよ

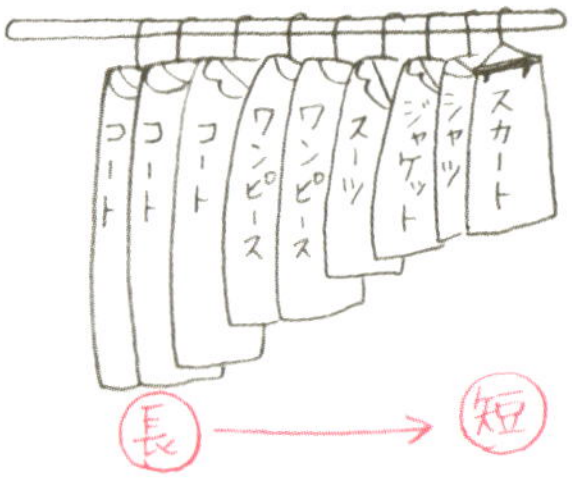

かける服を集めてハンガーをつける

コートやスーツなど、たたまなかった服を集めて、ハンガーがついていないものにはつけます。このとき、ハンガーがバラバラであれば、なるべく色や素材がそろっているものにつけ替えると、ときめき度も上がります

この時点で「たためる服」への移動OK

かける服が多すぎるようであれば、あらためて服を眺め、たためそうなものをたたむ収納にしましょう。クローゼットに余裕ができ、収納スペースの節約になります

STEP 2

Check □ たたんだ服を色を意識してしまう

四角形にたたんだ服は、引き出しに立てて収納するのが基本。季節ではなく、アイテム別に、形や素材の感じでざっくりと分けてしまっていきます。このとき、服の色がグラデーションになるように並べると、見た目にきれいで選びやすいうえに、もっている服の色の傾向もわかります。

トップスを形で分けて さらに素材の感じで分ける

トップスは、キャミソール、Tシャツ、セーターなどのかぶりもの系と、ボタンやファスナーがついたブラウス、カーディガン、パーカなどの前あき系に分け、さらに厚手と薄手に分類します

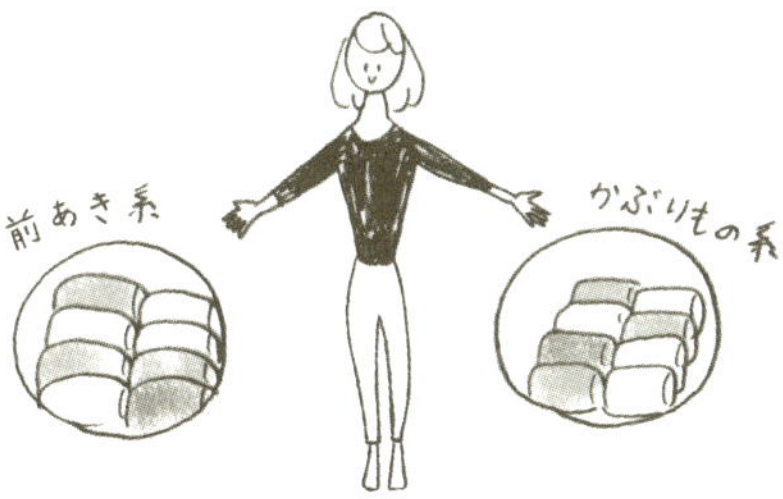

分けたトップスは 色を意識して立ててしまう

種類も枚数も多いトップスは、複数の引き出しを使う場合も。そのときは、薄手のものと厚手のものとで分けると、着るとき選びやすいです。引き出し内で種類ごとにまとめ、奥が濃い色、手前が薄い色になるように並べます

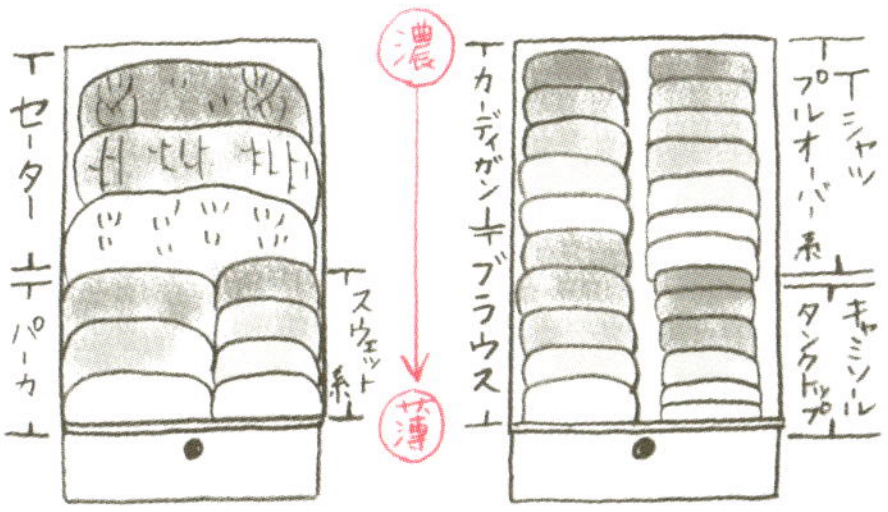

ボトムを形で分けて さらに素材の感じで分ける

まずパンツ、スカート、ワンピースと形で分け、さらに「厚手／薄手」と素材の感じで分けます。素材の感じは「コットンぽい／ウールっぽい」など雰囲気でもOK。デニムは、１カテゴリーとして分けるとわかりやすいです

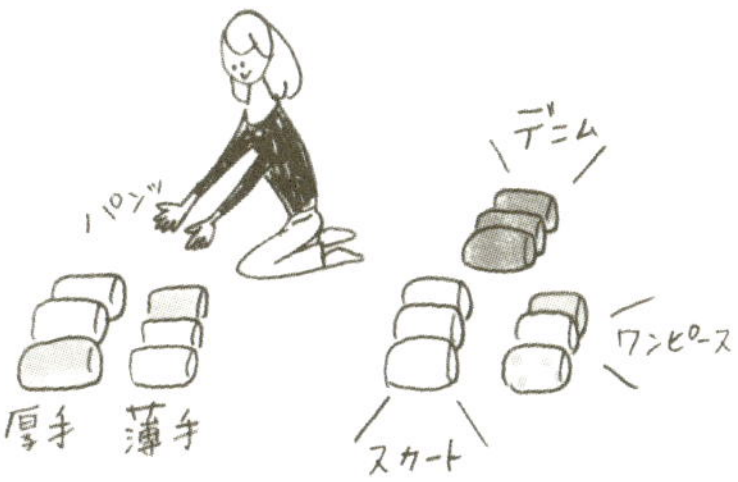

分けたボトムは 色を意識して立ててしまう

１つの引き出しの中では、まず形別に縦に場所を分け、その中の奥から手前へ、厚手のもの、薄手のものと分けて立てていきます。また、奥から手前に向かって、濃い色から薄い色になるグラデーションも意識してみて

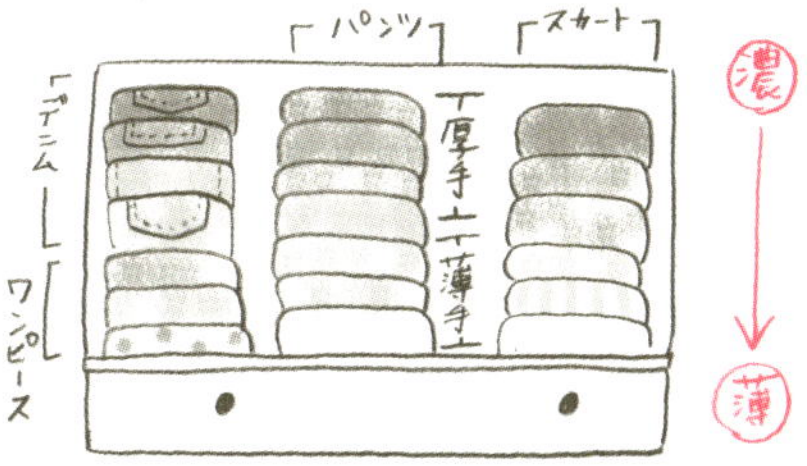

ショーツやストッキングは小さめの箱を使うと収めやすい

ショーツやストッキングなどの生地が薄いアイテムは、小さめの箱を使うと収まりがいいです。ショーツはティッシュペーパー、ストッキングは靴のあき箱がぴったり。服と同じく、奥から手前に色が薄くなるように並べます

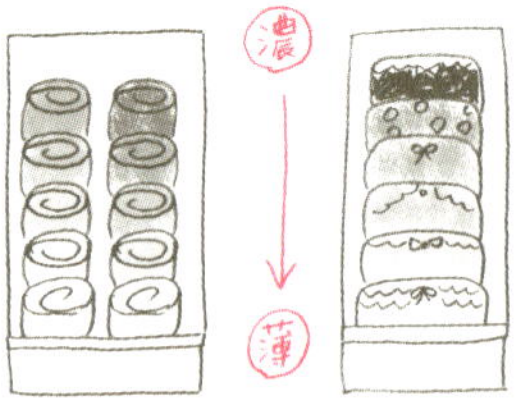

靴下類や下着は洗面所に置いてはいけません

お風呂上がりに便利だからと、靴下類や下着を洗面所に置いていませんか? 洗面所は「公の場」。人が出入りする空間ではなく、服と一緒に「私的な」クローゼットに収納を

ブラはVIP収納する

女性の大切な胸を包み、気分を上げる美しいブラジャーは、衣類というより「見えないアクセサリー」。つぶさず、折りたたまず大切にしまいます。VIP扱いのブラジャーに限っては、ゴージャス感や重厚感のある濃い色を手前、薄い色を奥にしたグラデーションに並べるのがおすすめ

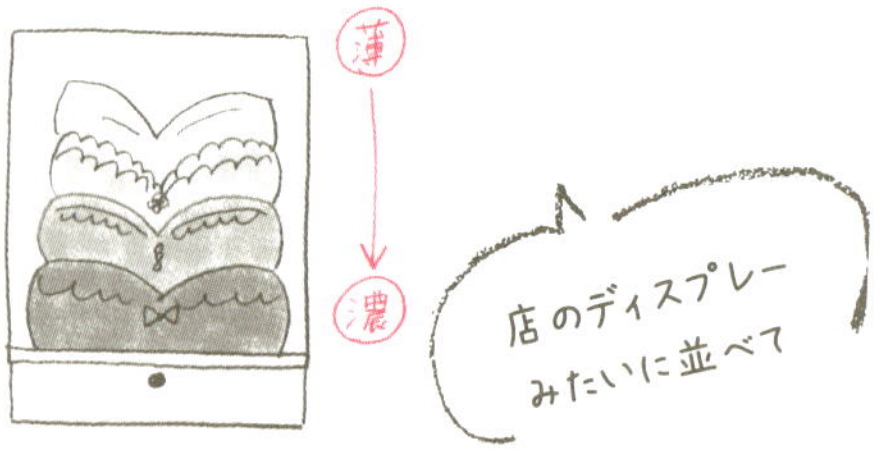

ブラジャーはしっかりと壁をつくって収納

引き出しの中に、ブラジャーと一緒にほかのものも入れる場合、混在しないよう箱などで壁をつくり仕切って。「おブラさま」用の独立したスペースで、特別感を出します

引き出しは重さを意識する

引き出しに服をしまったら、チェストや衣装ケースなどを元の収納場所に戻します。このとき、下段はボトムや厚手のニットなど重いもの、上段になるほど薄手のトップスや小物など軽いものとなるように収めて。「おブラさま」はもちろん上段の位置になります。こうすることで、上昇するときめき感が引き出し全体に漂います

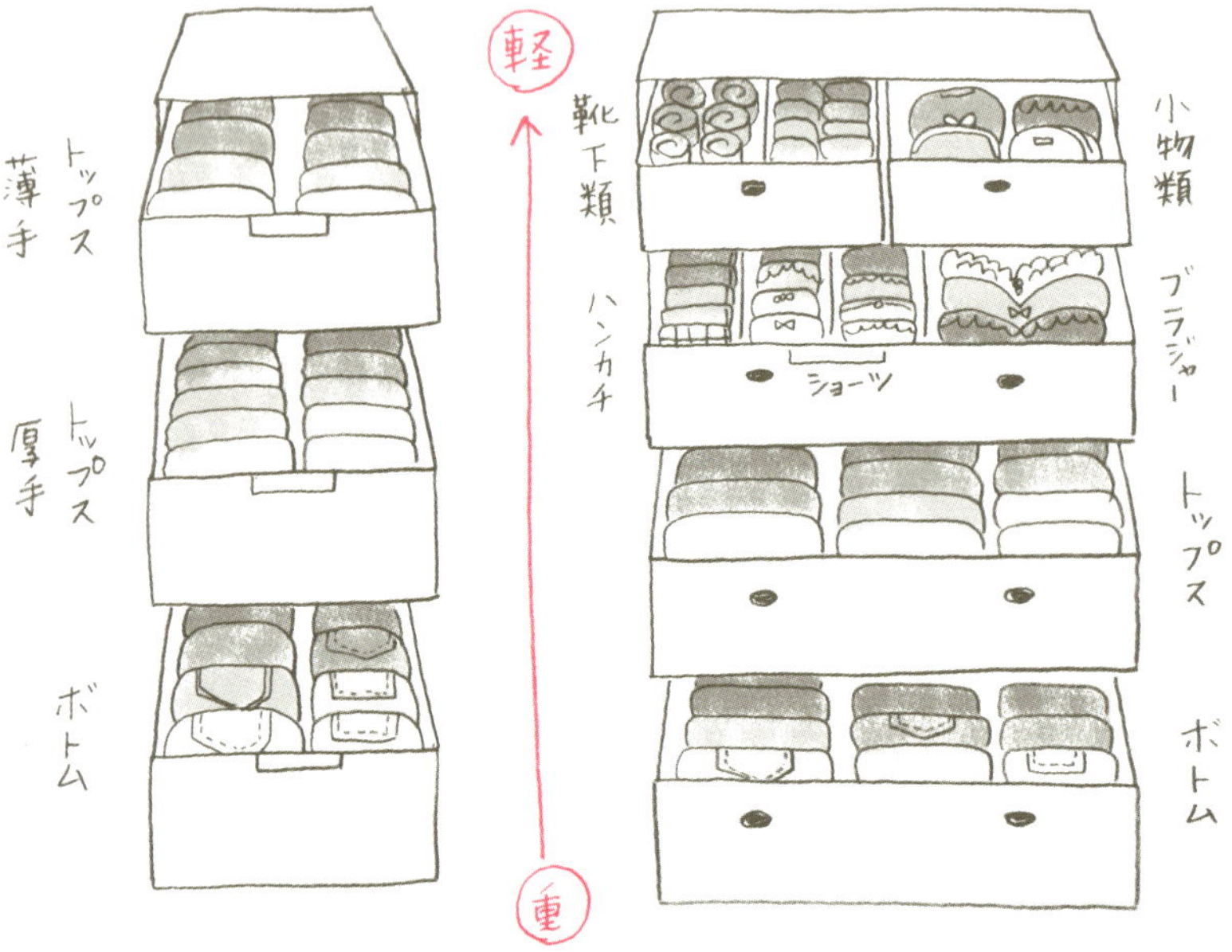

STEP 3

Check

□ そのほかのものをクローゼットに収める

クローゼットは、扉を開くのが楽しみになるスペースになるよう整えます。ハンガーをつけた服をポールにかけ、その下に入れた引き出しにたたんだ服をしまったら、そのほかの小物やイベントものなども収めていきます。このとき、しまうものを大切に扱えないようなら、今一度ときめきチェックをしてみて。

たためない帽子はつぶれないよう上の棚に

形がはっきりした帽子は重ねて、つぶれないよう上の棚に置きます。ニット帽などたためるものは、半分〜1/3に折って小物カゴへ

かけた服

ハンガーがけの衣類は裾が折れないようにするなど、大切に扱えていますか？ ときめく形に整うよう、引き出しや棚の位置を調整して

イベントものはフタつきのケースに入れて奥に

使う時期が明確なイベントものは、必ず使うものだからこそ忘れる心配がないので、取り出しにくい奥にしまってもよし。フタつきケースなどにまとめて入れて

バッグは上の棚に並べる

「バッグインバッグ」にした自立するバッグは、上の棚に並べて。箱に入れたエコバッグは、衣装ケースの上などあきスペースへ

手袋などの小物はカゴに入れてコンパクトに

身支度の最後に手にする手袋やたためる帽子などは、カゴに立てて入れコンパクトにまとめておくと、外出時にすぐ手に取れて便利

毎日持ち歩くものにも場所をつくる

毎日使うバッグ、休ませていますか？ ポーチ、定期入れ、名刺入れなど常に持ち歩いているものを置く定位置をつくり、帰ったらバッグをからにして休ませて

たたんだ服

引き出しの中でゆっくり休ませるよう、ほどよくつめて。チェストや衣装ケースは、かけた服がかからないように収めましょう

あいたケースや引き出しは全体の片づけが終わるまでキープ

片づけ祭り中にあいた、クリアケースなどの収納用具は、今後の片づけで収納や一時置きに使うこともあります。意外と使えるので、全体の片づけが終わるまでキープしておいて

STEP 4

Check □ 靴をゲタ箱へしまう

衣類の収納のラスト、残した靴をゲタ箱にしまいます。重い印象のものを下に、軽さを感じるものほど上へと並べるとバランスが取れます。十分なスペースがあれば、ただ棚板に並べればよいのですが、たりないなら市販の収納グッズを使ったり、使用頻度の低いものはクローゼットにしまうなど工夫を。

男性の靴を下に 子どもと女性の靴を上に

家族の場合は人ごとに分けて、なるべく大きくて重さがある男性の靴は下に、小さくて軽めな子どもや女性の靴を上にしまうと、全体のバランスが取れます。女性用のブーツや長靴などは最下段でOK

高さのある棚の場合は収納グッズを活用してOK

基本は収納グッズを買わずにしまう方法をすすめていますが、棚に高さがある場合はコの字ラックで2段に、奥行きがある場合はつっぱり棒で手前の靴を浮かせるなど、収納グッズを活用してみて

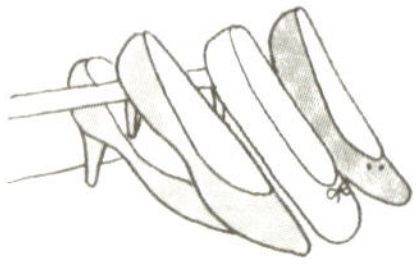

薄くて形崩れしない靴はあき箱へ

ビーチサンダルのような、薄くて形崩れしないものは、あき箱に2足まとめて入れると省スペースになり、棚にすっきり収まります

玄関のたたきには最小限の靴しか置かない

玄関がゴチャついていると、空気の流れが悪く、家全体が苦しそうに。たたきに置くのは、風通しの必要なその日履いた靴だけにし、家族の人数分まで。最小限にとどめましょう

ゲタ箱に入りきらない場合は汚れを落としてクローゼットへ

家族が多いなど、どうしてもゲタ箱に入りきらなければ、使用頻度の少ない靴を箱に入れクローゼットへ。その際、靴底をきれいにし、乾燥させてからしまいます

○ 衣類の片づけを終えた感想を書き出そう

ここまでで、衣類の片づけが終わりました。やってみて、いかがですか。これまで無意識にため込んできた服の数々に驚き、疲労もあるかもしれませんね。でも今、整然ととときめく服だけが並ぶクローゼットや引き出しをあらためて見て、やりきった達成感でなんとも満ちたりた、穏やかな気持ちになっている人が多いはずです。

その思いを書き出し、生まれ変わった収納スペースを写真に撮ったりイラストにして、ノートに残しましょう。今後の片づけのモチベーションになること間違いなしです。

【記入例】

P48-49

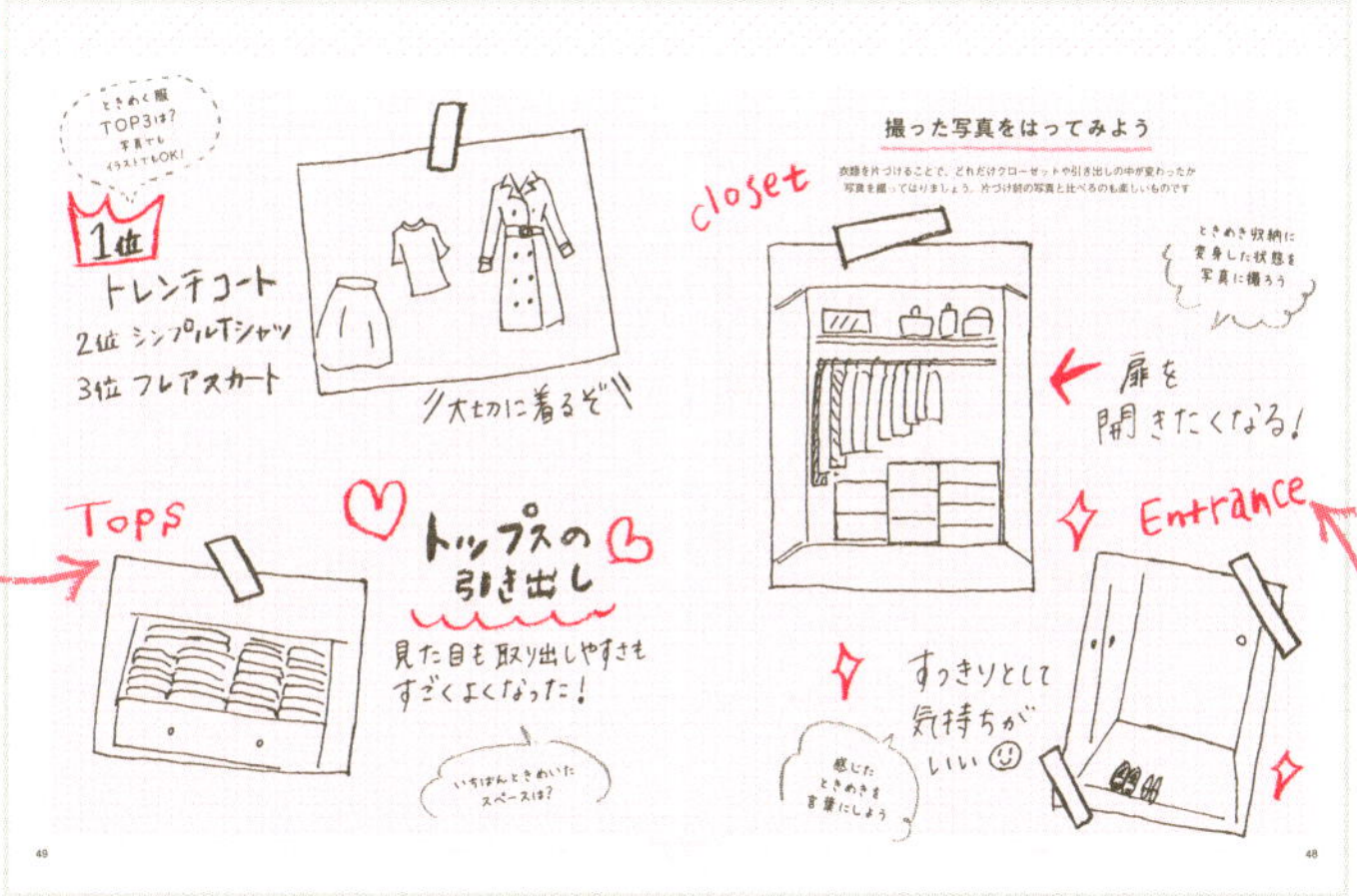

片づけをしていてときめいた気持ちやときめいた服、気づいたことなど、イラストや文字で自由に書き込んで

片づけ後のきれいになったクローゼットや引き出しの中を撮影し、ノートにはると、ときめきもアップ

P50

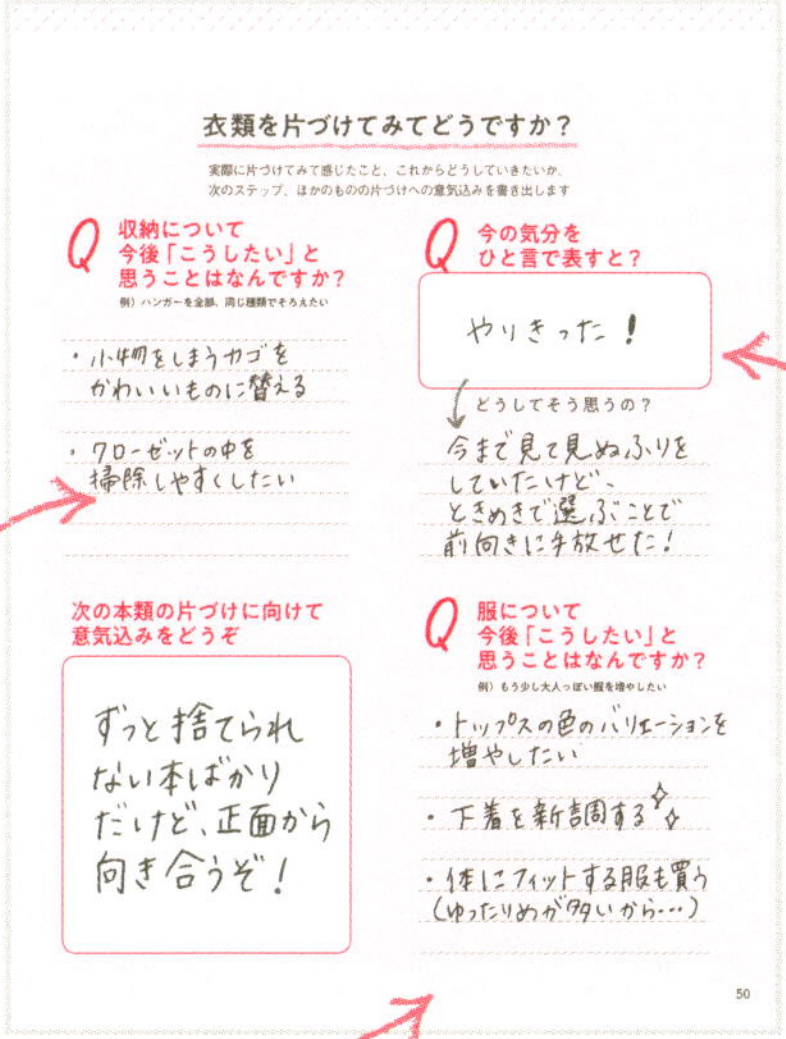

片づけで気づいた、服や収納についての、見直すべき点や今後購入したいものをメモしておきます

今の率直な気持ちを書き出し、なぜそう思うのかも考えてみて

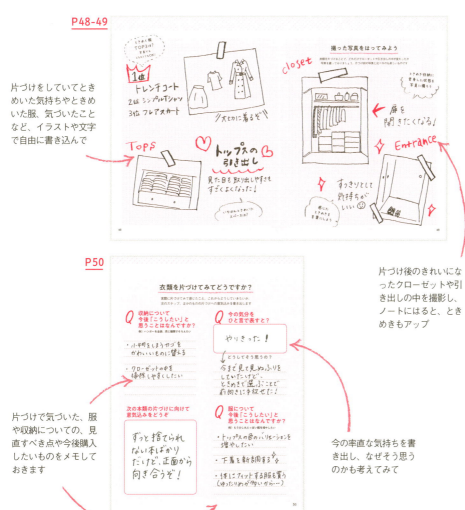

撮った写真をはってみよう

衣類を片づけることで、どれだけクローゼットや引き出しの中が変わったか
写真を撮ってはりましょう。片づけ前の写真と比べるのも楽しいものです

ときめき収納に
変身した状態を
写真に撮ろう

感じた
ときめきを
言葉にしよう

ときめく服
TOP3は？
写真でも
イラストでもOK！

いちばんときめいた
スペースは？

衣類を片づけてみてどうですか？

実際に片づけてみて感じたこと、これからどうしていきたいか、
次のステップ、ほかのものの片づけへの意気込みを書き出します

Q 収納について今後「こうしたい」と思うことはなんですか？

例）ハンガーを全部、同じ種類でそろえたい

Q 今の気分をひと言で表すと？

どうしてそう思うの？

次の本類の片づけに向けて意気込みをどうぞ

Q 服について今後「こうしたい」と思うことはなんですか？

例）もう少し大人っぽい服を増やしたい

「本類」を片づけよう！

ついついため込んでしまいがちな本は
捨てられないものベスト3のうちのひとつ。
「本だけは捨てられない」という人は意外と多いのです。
それだけに、ときめく本だけ厳選し、
すっきりと処分したあとの爽快さは格別。
入ってくる情報の質も明らかに変わってきますよ

始めた日と終えた日を書き込もう

スタート	年　月　日　時
終了	年　月　日　時

リバウンドしない 片づけ方

すべての本を出して床に並べるのがカギ。この手間を惜しむと、ときめきの判断が難しくなります。残した本は大切に棚にしまってあげて

1 集める

眠った本を起こすためにも すべて出して一か所に集める

本棚に入ったまま読まれることのない本は、いわば寝ている状態。そのままでは残すかどうか見きわめにくいので、すべて出して起こしてあげましょう。数が多すぎて床に置ききれない場合は、ジャンルごとに分けて進めてもOKです

多い場合は
ジャンルごとに分けても

ときめき判断の順番

手をつけやすい本からでOKなのですが、数がありすぎて一度に片づけられない場合は、服と同様、ジャンルごとに分けてときめくものを選んでいきます。左にあるように、比較的多くもっている一般書から順に進めていくと、達成感が得やすいです

一般書

小説やエッセイなどの読み物系書籍。コミックもここに入ります。存在すら忘れていた古い本や、日やけなどで変色して、ときめかない状態のものが眠っていませんか？

2

ときめくものを残す

一冊ずつ触れたときのときめきで判断！

床に並べた本を一冊ずつ手に取り、ときめくかどうか判断していきます。中を開いて読むと判断が鈍るので、決して読み込まないこと。カバーやタイトルを見て、ときめく本だけが入った本棚をイメージしながら、触れたときのひらめきに従って、どんどん進めます

3

しまう

本は中身を読まないことがポイント

残した本をときめく状態でしまう

ときめく本は、ときめく状態で本棚にしまうこと。半積みせず、必ず立てて並べます。高さや色を意識したり、目にうるさい帯は外したりして、背表紙を眺めたときにすっきりまとまっているように並べると、気持ちいいですよ

実用書

旅行のガイドブックや資格の参考書など。「また行くかも」「時間ができたらやる」と思いつつ放置している本があれば、「本当に？」「いつ？」と自問自答して

観賞用

写真集やカタログ、ファンクラブの会報誌など、眺めて楽しむビジュアル系のもの。一部の写真や記事だけにときめくなら、切り抜いてファイルにまとめて

雑誌

ファッション誌や情報誌などの雑誌は「旬」が短いもの。ときめくページだけ切り取りましょう。定期誌は読み終えた時点で、その都度ときめき判断する習慣に

一冊ずつ触れて ときめくものだけ残そう

私の場合、眠っていた本を起こすために、ときめき判断の前に床に並べた本の表紙をペシペシたたくことも。ちょっとしたおまじないのようなもので、その後、一冊ずつ表紙に触れていくと、判断がスムーズに進むのでお試しを

「いつか読もう」の 「いつか」は永遠にきません

まだ読み終わってない本や買ったままの本を長期間放置している場合、「読みどき」を逃している可能性大。「いつか読もう」の「いつか」は永遠にきません。本当に読みたい本なら期限を決めるのがおすすめ

ときめかなかった本は お礼を言ってから手放そう

どのくらいあった?

本30冊、ダンボール１箱分など
ざっくりとした分量でOK

全部 集めて 気づいたことを書き出そう

例）・部屋のすみに雑誌が山積みになっていた
・読みかけの本が10冊もあった！

一度も読んでいない本はない?

家族の本やアルバムは あと回しに

共有の本棚に一緒に置いてある家族の本や、アルバム、卒業文集、日記などまで片づけようとしないこと。まずやるべきは「自分の本」で、アルバムなどは、思い出品（P.97〜）の扱いとなります。家族の本はそれぞれに判断してもらうようにしましょう

本類のときめき判断のコツ

本に触れるだけでときめくかどうかを見きわめるのは、最初はとまどうかもしれません。

下の例を参考に、コツを押さえれば、サクサク判断できるようになりますよ

どうしても「ときめき」がわからないときは10秒だけめくる

本棚から取り出して触ってみたものの、ときめくかどうかわからない、ピンとこない、という人もいるでしょう。そんなときは目次だけ眺めるとか、パラパラと10秒だけページをめくってみるなど、自分なりの目安を決めて作業すると判断しやすくなります。ただし、読み込むのはＮＧです

シリーズ本はタイトルごとに積み上げてチェックする

コミックや小説に多い、数巻にわたるシリーズ本は、一冊ずつ手に取らなくても大丈夫。タイトルごとに積み上げ、ガバッと抱きつくようにしたり、いちばん上の巻だけ手に取るなどしてチェックしてみてください。コミックはとくに読みふける危険性大ですから、くれぐれも注意して

ときめくページだけ切り抜いてクリアファイルにまとめる

本の一部分だけ気に入っていてときめくなら、そこだけ切り取り、とりあえずクリアファイルなどにまとめておきます。切り抜きでよくあるのですが、あとから見て「なぜこれを？」と思うことも多いもの。書類の片づけ（P.61～）の際にもう一度ときめきチェックをし、あらためて整理を

殿堂入りの本は堂々と残そう

「子どもの頃に読んでボロボロだけど捨てられない！」という本なら、それはあなたにとってバイブル。人になんと言われようが、自分が大切にしたい本は堂々と残してよいのです。そのときめき度を確認するためにも、ここに殿堂入りした本を書き出してみましょう

あなたの殿堂入りの本を書き出そう

残した本をときめく状態でしまう

ときめく本だけを残したら、ときめく状態でしまいます。自分好みに自由に収納していけばよいのですが、横にして積むよりも立てて収納するのがベター。高さや色をそれとなくそろえたりして、見た目をすっきりまとめると、その前を通るたびにハッピーな気分に

下にある本は読まなくなる傾向があるので、本は横にして積むよりも縦に立てて並べ、場所を分散させないのが基本です。ただし、「調理中に見るレシピ本だけはキッチンに」というように使う場所が限定されたものなら、別にして収納しても問題ありません

• 本棚に並べてみてまとまりがなければ帯を取る

きれいに本棚に並べたものの、まとまりがないなと感じたら、色や文字が目立ちやすい帯を外してみて。これだけでかなりすっきり、効果抜群です。もちろん、ときめく帯ならそのままでOK

「本の量がまだ多いかな？」と思っても大丈夫！

片づけ後、残した本の量が多いように感じても問題ありません。ときめき感度は徐々にみがかれるので、あとから「違うかも」と気づいたら、その都度手放していけばよいのです

• 残した本をカテゴリーで分ける

残した本はやみくもに並べるのでなく、小説や実用書、雑誌というようにカテゴリーで分けておくと、それぞれのトーンが統一されて見やすく、読みたいときにすぐ探し出せます

• 高さや色を意識して並べる

カテゴリー分けした本は、高さを右肩上がりにしたり、色がグラデーションになるよう意識して並べるときれい。こんなちょっとした気づかいで、ときめき度はアップします

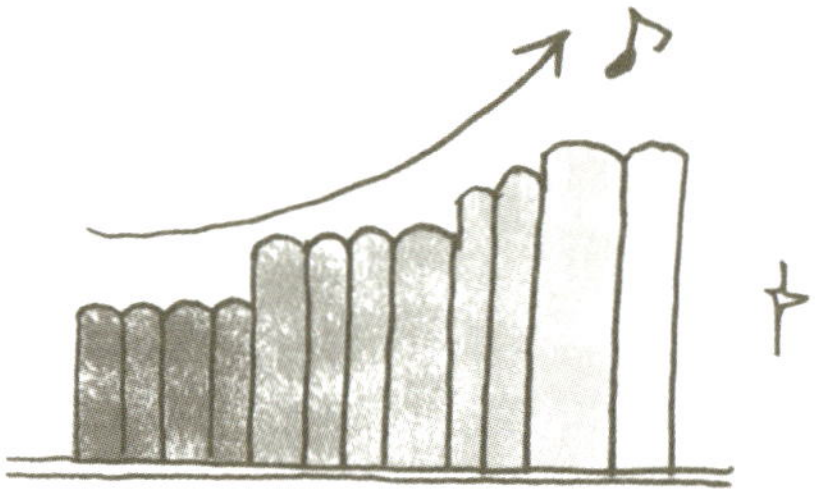

本類の片づけを終えた感想を書き出そう

私も本だけはなかなか捨てられないタイプだったので、本を手放すことが難しいのはよくわかります。でも、思いきってときめく本だけを残してみてください。頭の中がクリアになってすがすがしい気持ちに満ちあふれているのに気づくはず。本を片づけると、今必要な情報をキャッチしやすくなります。手元に本をためすぎない方が情報の感度が上がるのです。

今後、ベストなタイミングで読むべき本と出合うためにも、今の気持ちを忘れないよう書き出しておきましょう。「今読みたい本」を書いておくのもいいですね。

【記入例】

P.58-59

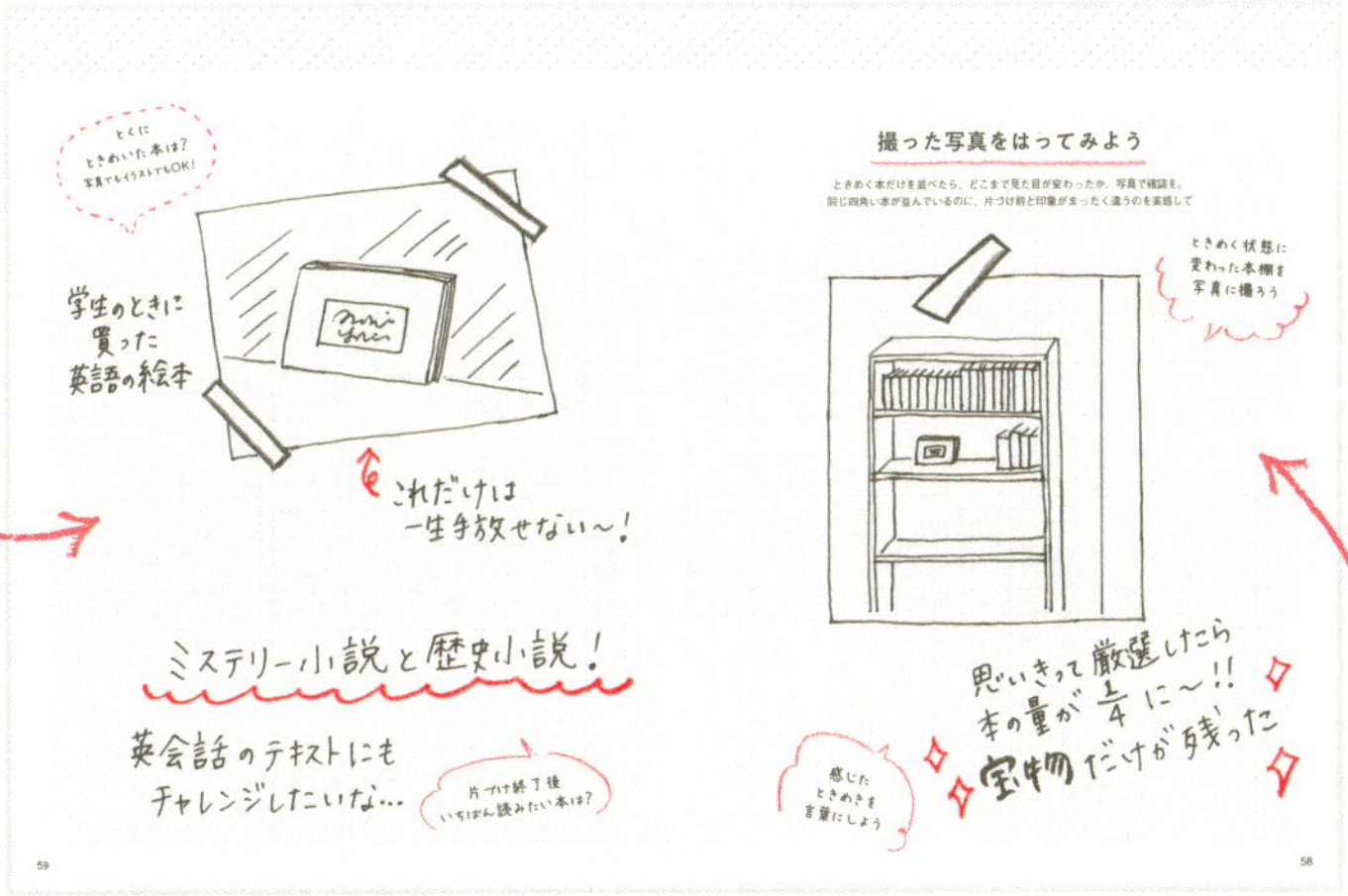

あらためて大事にしたい、殿堂入りの本を写真やイラストで残しておきます。タイトルを大きく書き記しても

片づけ後の本棚の写真をはり、片づけ前に比べ、キュンとときめく状態になったのを確認

P.60

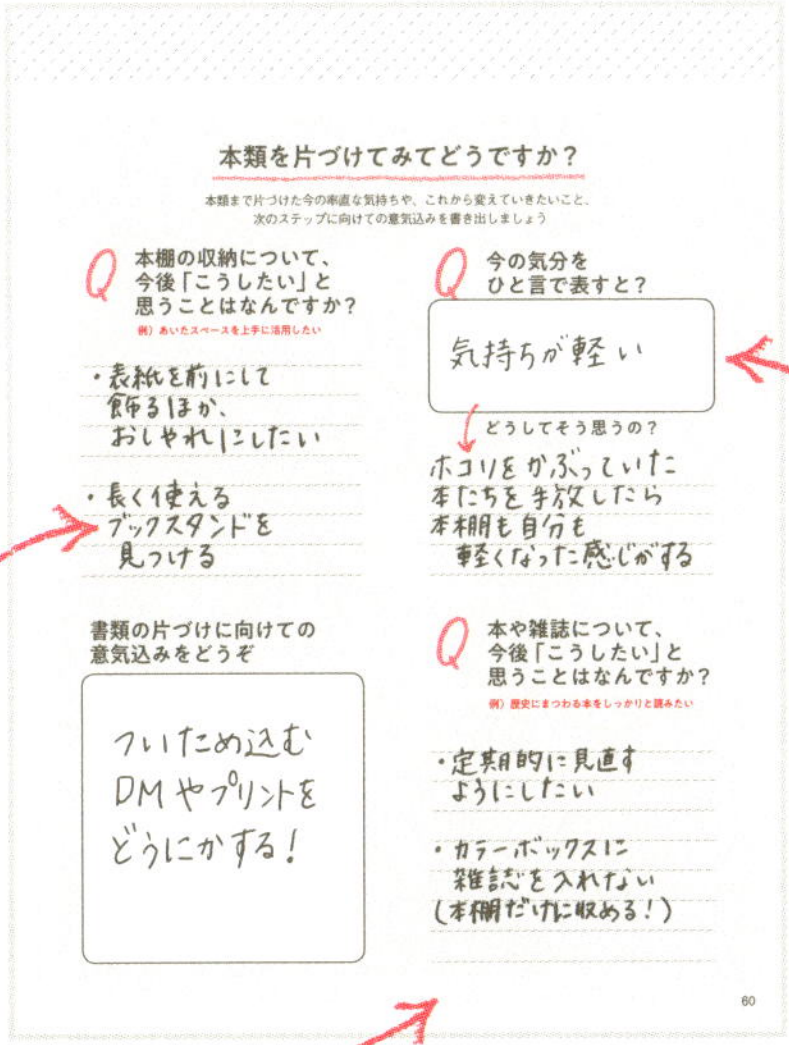

片づけが終わり、今後本の扱い方をどうするか考えてみます。次に取り組む書類の片づけへの意気込みもぜひ

片づけ後の気分を「すっきり！」「気持ちいい」などひと言で表し、その理由を考えてみて

撮った写真をはってみよう

ときめく本だけを並べたら、どこまで見た目が変わったか、写真で確認を。
同じ四角い本が並んでいるのに、片づけ前と印象がまったく違うのを実感して

ときめく状態に
変わった本棚を
写真に撮ろう

感じた
ときめきを
言葉にしよう

とくに
ときめいた本は?
写真でもイラストでもOK!

片づけ終了後
いちばん読みたい本は?

本類を片づけてみてどうですか？

本類まで片づけた今の率直な気持ちや、これから変えていきたいこと、
次のステップに向けての意気込みを書き出しましょう

Q 本棚の収納について、今後「こうしたい」と思うことはなんですか？

例）あいたスペースを上手に活用したい

次の書類の片づけに向けて意気込みをどうぞ

Q 今の気分をひと言で表すと？

どうしてそう思うの？

Q 本や雑誌について、今後「こうしたい」と思うことはなんですか？

例）歴史にまつわる本をしっかりと読みたい

Chapter 4

『書類』を片づけよう!

衣類と本を片づけたら、次に取りかかるのは書類。
「全捨て」が基本です。
ついためがちな書類はそのくらいの強い気持ちで
厳選することが大切なのです。
もちろん、契約書などはときめきとは無関係なので
必要なものだけを残していきます

始めた日と終えた日を
書き込もう

スタート	年 月 日 時
終了	年 月 日 時

リバウンドしない片づけ方

契約書類から郵便物、出前メニューにチラシなどまで、文具以外の「紙もの」たち。本当に残すべきか一枚ずつ冷静にチェックしていきます

1 集める

自分に関わる書類を家じゅうから出して一か所に集める

テーブルの上やキッチンカウンターのすみなど、家の中には無意識に書類がたまりやすい「吹きだまりポイント」があります。それらも含め、すべての場所から漏れなく自分に関わる書類を出して、一か所に集めます

2 必要なものを残す

使用時期を考えながら必要なものだけ残す

残す書類は、「今使っている」「しばらく必要である」「ずっととっておく」のどれかに該当するもの。それ以外は必要ありません。手紙や写真は「思い出品」（P.97〜）になり、最後に取り組むので、ここでは手をつけないでください

手紙を見つけたら「思い出品」に回して

書類を処分するときはシュレッダーにかけるなどして

名前や住所はもとより、生年月日や銀行の口座番号、各種会員番号など、個人情報が記載された書類は悪用されないよう、シュレッダーにかけたり、細かくちぎるなどして処分を

● 全部**出して**

気づいたことを書き出そう

例）・古い出前メニューがいっぱい
・迷ったらとりあえず冷蔵庫にはっている

やっかいな書類判断のコツ

多種多様な書類のなかには、捨てる判断がしにくいものもあります。
私のレッスンでもよく質問に上がる、やっかいな書類の攻略法をご紹介します

使用ずみ通帳

確定申告等で必要な人以外は、単純に見てときめくかどうかでチェックを。今後必要になるかもと思う人は、○年分は保存、とルールを決めてもよいですね

セミナー資料

受講後に見返したことはありますか？ セミナーは、受けた瞬間の高揚感そのものや、学んだ内容を仕事や生活に生かすことが役割。お役目が終了したものは手放して

カードの明細書

クレジットカードの使用明細書は、内容を確認し、家計簿に書き写すなりしたらお役目は終了。税の申告などに必要な人以外は、捨てましょう。WEB明細の利用も◎

切り抜き

本の片づけで残した切り抜き類(P.55)もここでチェック。残したいものはブック状のクリアファイルに入れたり、スクラップブックをつくるのも楽しいものです

説明書・保証書

家電などの説明書は最近はネットでも閲覧できるケースが増えています。保証書は期限内のものだけクリアファイルやボックスにまとめておけば十分です

給与明細

金額や記載内容を確認した瞬間、その役割は完了しています。これも確定申告等で使うことがなければ、すぐ捨てられるもの。とっておく際も、○年と期限を決めて

不要な書類はお礼を言ってから処分しよう

どのくらいあった?

ゴミ袋１袋分など
ざっくりとした分量でOK

年賀状

受け取って見た時点で年賀状の役目は終わり。お年玉つき年賀はがきの当選番号を確認したあとは、感謝をして処分します。住所録として使うなら１年保存、ときめく年賀状なら思い出品(P.97〜)へ

3 しまう

3つに分けてしまう

選別を終え、残った書類は3つのカテゴリーに分けます。使用頻度は少ないけれど重要な契約書類、それ以外の使用頻度高めの保存する書類、そして未処理の書類です。それぞれ分散させないようにしてボックスやファイルにまとめます

細かく分類しなくてOK!

契約書類
=
保存

契約書以外
=
保存

未処理
=
なるべくからっぽに

契約書などの重要書類

保険証券や賃貸契約書といった契約関係の書類のほか家電の保証書などは、とっておくべきだけど普段取り出す機会が少ないもの。クリアファイルやボックスにひとまとめにしておく、簡単な収納法がおすすめです

契約書以外でとっておきたいもの

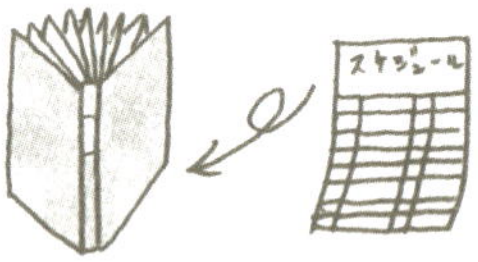

契約書類以外の保存すべき書類が当てはまります。仕事や学校の年間スケジュール、残したいレシピの切り抜きなど趣味の書類もここ。中身を確認しやすいブック状のクリアファイルで、種類別に保存するのが向いています

未処理のもの

振込用紙や返信が必要なものなど、自分が処理しなければならない書類は、専用のコーナーを設けて分散させないようにします。出し入れしやすいよう、書類が立てられるタイプのファイルボックスに入れると便利です

未処理の書類には片をつける日をつくる

未処理のボックスはからっぽであることが基本です。手紙の返事や各種サービスの変更手続きなど、一気にやってしまう日を決めましょう。次の小物類の片づけに入る前に、片をつけてしまうと気がラクですよ

期限つき書類リスト

家電製品の保証書や、確定申告のために数年保存しているものなど
期限つきで保管する書類をここに記入することで、捨てどきを忘れません

Check

- [ ] 年　月　日まで
- [ ] 年　月　日まで
- [ ] 年　月　日まで
- [ ] 年　月　日まで
- [ ] 年　月　日まで
- [ ] 年　月　日まで
- [ ] 年　月　日まで
- [ ] 年　月　日まで
- [ ] 年　月　日まで
- [ ] 年　月　日まで
- [ ] 年　月　日まで
- [ ] 年　月　日まで
- [ ] 年　月　日まで

本当に必要な
ものだけ残せてる？

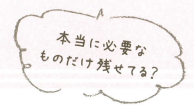

書類を片づけてみてどうですか？

雑多な書類がすっきり片づいた、今の気持ちを書き出してみましょう。
今後の書類への取り組み方、次の「小物の片づけ」への意気込みもここで確認を

Q 書類の収納について今後「こうしたい」と思うことはなんですか？

例）自分の片づけが終わったら家族の分も整理

Q 今の気分をひと言で表すと？

どうしてそう思うの？

次の小物の片づけに向けて意気込みをどうぞ

Q 書類について、今後「こうしたい」と思うことはなんですか？

例）未処理の書類は定期的に片づける！

「小物」を片づけよう！

ひと口に小物の片づけといっても、文房具、化粧品、キッチン用品、医薬品、掃除用品…と数限りなくあり、ちょっと考えると、くらくらしそうです。でも、大丈夫。ここまできたあなたのときめき感度と片づけ力は着実にみがかれています。自分の力を信じ、ノートに沿ってこなしていけば、みるみる片づくはずです

始めた日と終えた日を書き込もう

スタート	年 月 日 時
終了	年 月 日 時

リバウンドしない片づけ方

数が多い小物類。カテゴリーごとにときめきチェックをして、「なんとなくもっているもの」から「一緒に暮らすもの」を選び取っていきます

1 集める

カテゴリーごとに自分だけのものを集める

雑多な小物を制するには、ずばり、カテゴリー分けを知ること。下記の順に集めて出し、ときめくものを選び、しまうという基本のステップを踏んでいけばいいのです。家族共用でも、あなたが管理しているものは一緒にチェック!

2 ときめくものを残す

迷うことでときめき感度が上がる

小物のときめきチェックを進めると、なかには、ときめかないけど必要で判断に迷うものも出てきます。そんなときは、左記を参考に残すものをじっくり考えてみて。この作業で、あなたのときめき感度がさらにぐっと上がります

ときめき判断の順番

無数にあるように思える小物は、より個人的なもので、かつカテゴリーのはっきりしたものからときめきチェックをするとラク。ひとり暮らしなら、すべて自分のものなので順番は気にせず、選びやすいカテゴリーからでかまいません

すべての小物に
定位置をつくろう

3 しまう

カテゴリーごとに戻しやすい状態でしまう

すっきりと片づいた部屋を目指すなら、同じカテゴリーのものは一か所に集め、すべての定位置を決めること。収納グッズを買うよりも、まずあき箱などを使って引き出しや棚を仕切り、立てられるものは立て、戻しやすく収納します

残す小物はこんなもの

ときめいて役立つもの

迷うことなくときめき、役立つもの。これはもちろん自信をもって残し、毎日の暮らしのなかで大いに活用してください。使うたび胸がきゅんきゅんする、そんな時間が多いほど幸せになれます

ときめくけど日常生活にあまり役立たないもの

ときめくのであれば、堂々ととっておくのが正解。使うことがなくても、見えるところに置いたり、つるしたり、壁にはったりするなど、見て、飾って、楽しむのがおすすめです

ときめかないけど必要なもの

それがあると便利な点、存在する意味、などを思いつく限り考えてみます。「素朴な見た目に安心する」「いざというとき役立って助かる」と気づいたら、それもときめき。残して0Kです

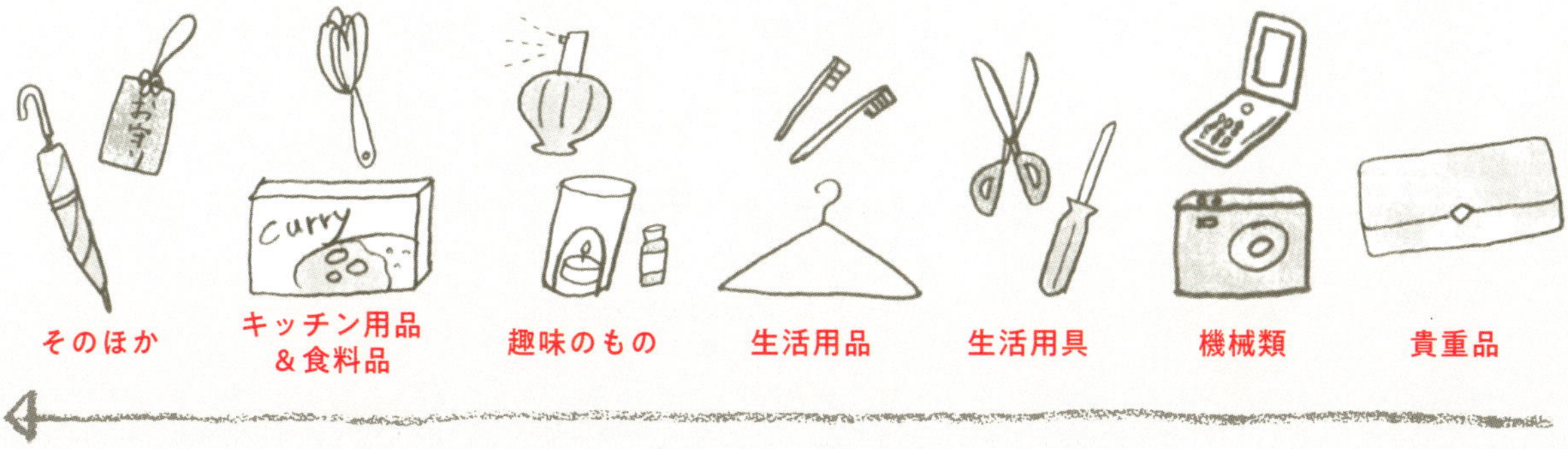

○小物の定位置を考えよう

家にあるあらゆるものの定位置を決め、使ったあとはそこに戻す。これこそが収納を考えるうえでの大前提。P.21に書き出した、家の収納スペース図を活用して決めていくのもおすすめです。

ひとつでも戻す場所を決めず、適当な場所に置いたら最後、そこからものがものを呼び、一気に散らかってリバウンドすることに。定位置を決めることは、理想の暮らしができるかどうかに直結します。

最終的な定位置を決めるのは、小物すべてを片づけ終えたあと。それまでは仮置きのつもりで気楽に進めましょう。

小物の定位置の考え方

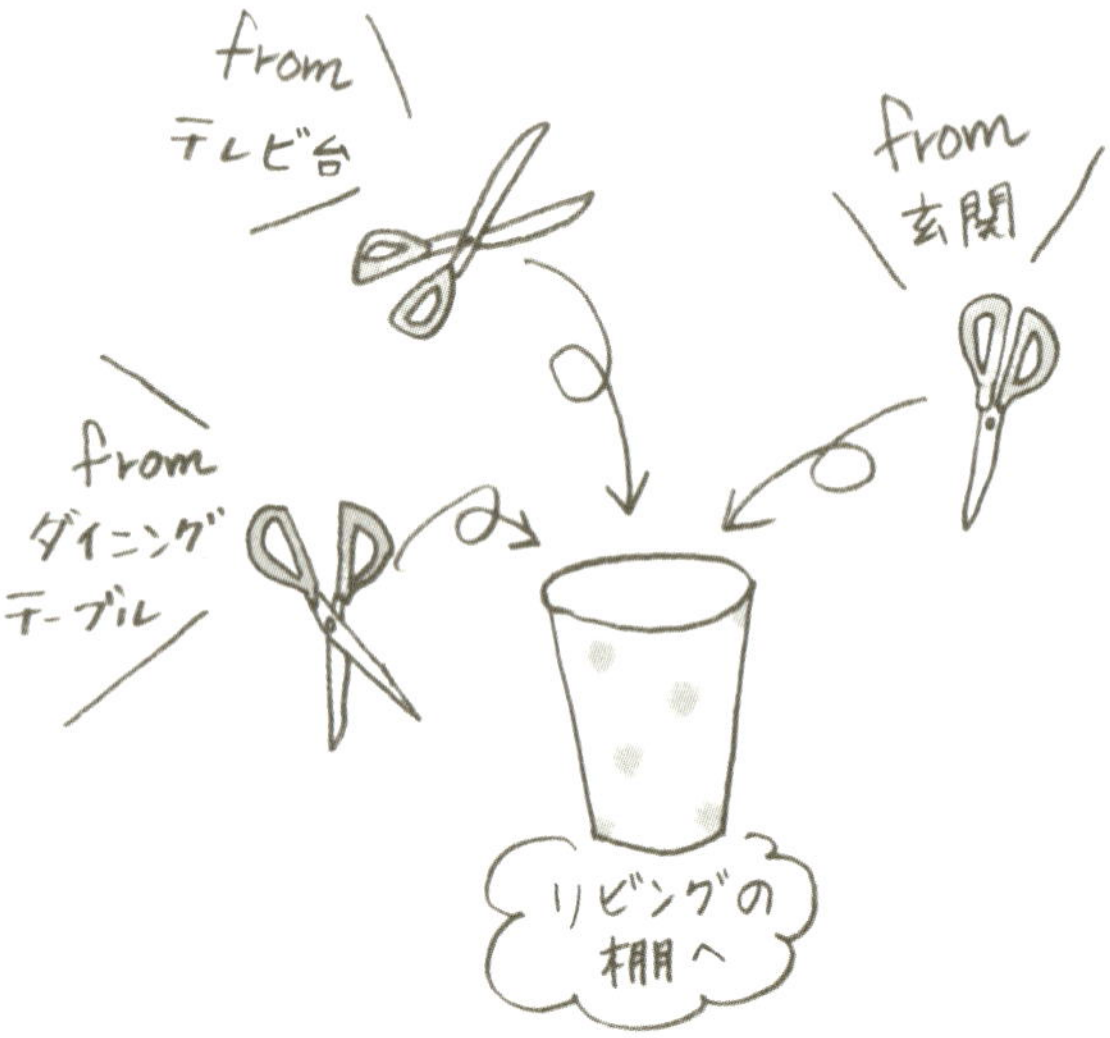

収納場所は分散させない

ときめき片づけの収納ルールは、同じカテゴリーのものは分散させず、一か所に収める、これだけです。家族で住んでいる場合は、家族別に収納スペースを分け、それぞれのスペースにカテゴリーごとに収納していくようにしましょう。ただし、使う場所が限定されるものは定位置を分けてもOKです

使用頻度で細かく分けすぎない

使用頻度で収納を何段階にも分けると、混乱したり片づけの手が止まったりしがち。意識するなら頻度が高いか低いかの2段階まで。あとは普段使っていくなかで、よく使うものは手前にするなど調整すればいいのです

片づけ中の収納は仮置きでOK

すべてのものを選びきるまでは、総量もカテゴリー分けも確定しないので、定位置を1回で決めきろうとはしないこと。生活スペースを確保するため、棚などに収めたい場合は、「とりあえずの仮置きだから」というつもりで

ものにとって心地よいかを考える

ギュウギュウづめだったり、湿気の多い場所だったり、しまわれたものが苦しそうな収納はリバウンドします。収納場所を決めるときは、使いやすさはもちろん「ものにとって心地いいかどうか」も考えるようにしましょう

備えつけの収納を有効活用する

収納をつくるときは、P.21に書き出した図を参考に、押し入れやクローゼットなど備えつけの収納スペースから埋めます。その際、外に出ていたカラーボックスやハンガーポールなども備えつけに収められると、部屋が広々としますよ

小物類の収納場所は連想ゲームで決めていく

コード類の定位置を決めたら、そばに同じ「電気系」のパソコン、パソコンは毎日使うから隣によく使う文房具を…というように小物の収納場所は連想ゲームで決定を。似たカテゴリーのものでつなげるようにするイメージです

積まずに できるだけ立てて収納を

なるべく重ならないように「立てて」収納する方がものの量を把握しやすく、管理もラク。積み始めると際限なく増えますし、下のものはつぶされて弱っていきます。そのうち存在も忘れてしまうので、極力避けましょう

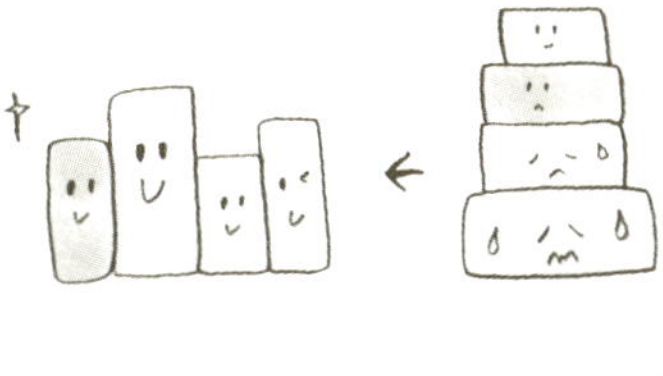

Check □ CD&DVD

CDやDVDは、本類や書類と同じ「情報系」。同じ流れで選びやすいので、小物の片づけのトップバッターとしています。人にもらったCDなどはときめかなくても捨てにくいものですが、その場で懐かしさを味わい感謝を込めて処分を。間違っても視聴し直そうとはしないでください。

● ときめかなかったものはお礼を言ってから手放そう

どのくらいあった?

CD50枚、DVD20枚など

● 残したものは積み上げずにときめく状態でしまう

横にして積まず、色を意識して並べるなどして、棚や引き出しの中に立ててしまいます。数が少なければカゴなどに入れても。とくにお気に入りのものは、ジャケットを見せて飾ってもいいですね

● 全部集めて気づいたことを書き出そう

例）・熱が冷めたアイドルのCDが何枚も！
・返却忘れのレンタルDVDを発掘…

● 一枚ずつ触れてときめくものだけ残そう

本同様、一枚ずつ手で触れてチェック。もう聴くことがなくても、ジャケットが大のお気に入りで、置いてあるだけでときめく、というものなら、もちろんとっておきます

データ保存したいものは書類の「未処理」ボックスへ

データだけパソコンにインストールして処分しよう、と思うものはほかのものと分け、書類の「未処理ボックス」(P.64) に入れ、早めに作業するようにします

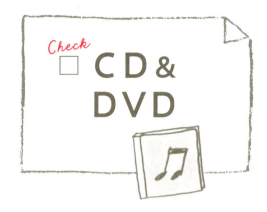

Check □ スキンケア用品

水気の多いスキンケア用品は、フレッシュなうちに使いきりたいもの。古くなってきたものは潔く処分するか、顔用を体につけてぜいたくに使いきるのもおすすめです。収納場所は普段スキンケアをする洗面所が定番ですが、スペースがなければ、クローゼットや棚の一部にコーナーをつくります。

ときめかなかったものは お礼を言ってから手放そう

どのくらいあった?

サンプル品20個、ボトル3本など

残したものは スキンケアでまとめてしまう

水っぽさのあるスキンケア用品は、粉っぽいメイク用品とは性質が違うので分けて収納を。チューブタイプなどこまごましたものは、小さめの箱に立てるとすっきりします。数が多いなら、毎日使うものとスペシャルケア用を分けてしまっても

こまごましたものは小箱にまとめて

全部集めて 気づいたことを書き出そう

例）・サンプル品がごっそり出てきた
・高かった美容液、変色していてショック！

ひとつずつ触れて ときめくものだけ残そう

すべてのスキンケア用品を集め、ときめくかどうか確認します。たとえまだ使えたとしても、今、心動かされないのなら捨てどきです

スキンケア用品は鮮度が命

スキンケア用品は新しいうちに使うほど、お手入れタイムのときめき度がアップします。たまりがちなサンプル品は、ストックしているうちに劣化してしまうので、直近で使うか処分するか、ここで決めてしまうこと

Check □ メイク用品

メイクはその日の自分を「女」にしていく儀式。そのための道具こそ、ときめき第一で選ぶべきものです。収納するときも、きれいに並べるようにすると、メイクするときのときめき度は急上昇。容器が汚れていてはトーンダウンしますから、日頃から清潔にするよう心がけて。

全部集めて気づいたことを書き出そう

例）・使いかけのアイシャドウがいくつもある
・固まって使えないマニキュアがあった

ひとつずつ触れてみてときめくものだけ残そう

女性のときめき力をアップするのに大切なメイク用品。残すものを選ぶときはかなり厳しく臨みます。古いもの、今の趣味に合わないものは処分を

1年以上使っていないサンプルはない？

旅行に便利とストックしている化粧品のサンプル、ありませんか？ でも、実際に使うことはまれ。少量で劣化しやすいサンプル品は、すぐ使わない限り処分するのが賢明です

ときめかなかったものはお礼を言ってから手放そう

どのくらいあった？

ファンデーション3つ、口紅2本など

残したものは見た目を重視してしまう

メイクブラシやマスカラなど、立てられるものは立てて収納を。ときめく箱やグラスを利用するのもすてきです。それ以外のものもアイテムごとに仕切り、見栄えよく収納します

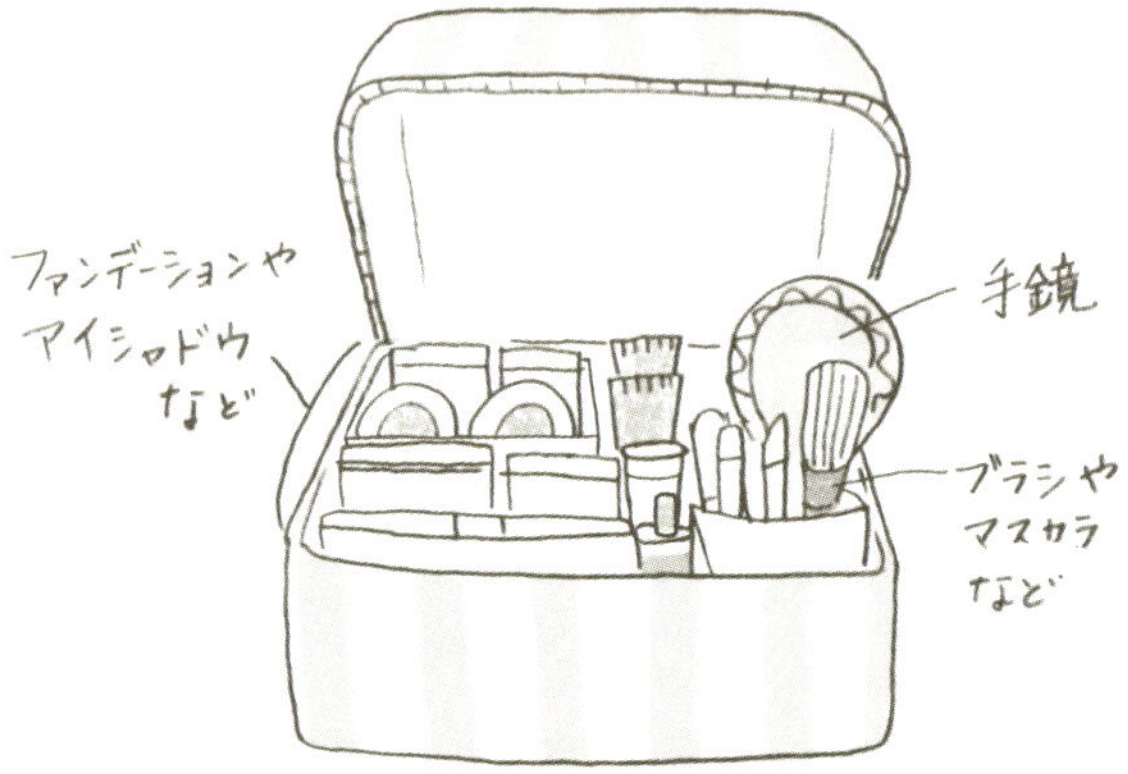

「立てるもの」と「それ以外」で分ける

Check □アクセサリー

あなたを輝かせるためにあるアクセサリーは、まさに小物界の女王さま的存在。ときめき判断をするときも丁寧に扱い、手放すときは心からの敬意と感謝を。収納は、お店のディスプレーのようにきれいに並べ、収納している間も美しくしてあげます。腕時計もここに入れてチェックを。

残したものは見た目を重視してしまう

ドレッサーなどの「引き出し収納」、ジュエリーボックスやバニティポーチなどを使う「箱形収納」、壁にかけるなど見せながら収納する「オープン収納」の3種いずれかで、アイテム別に美しくしまいましょう

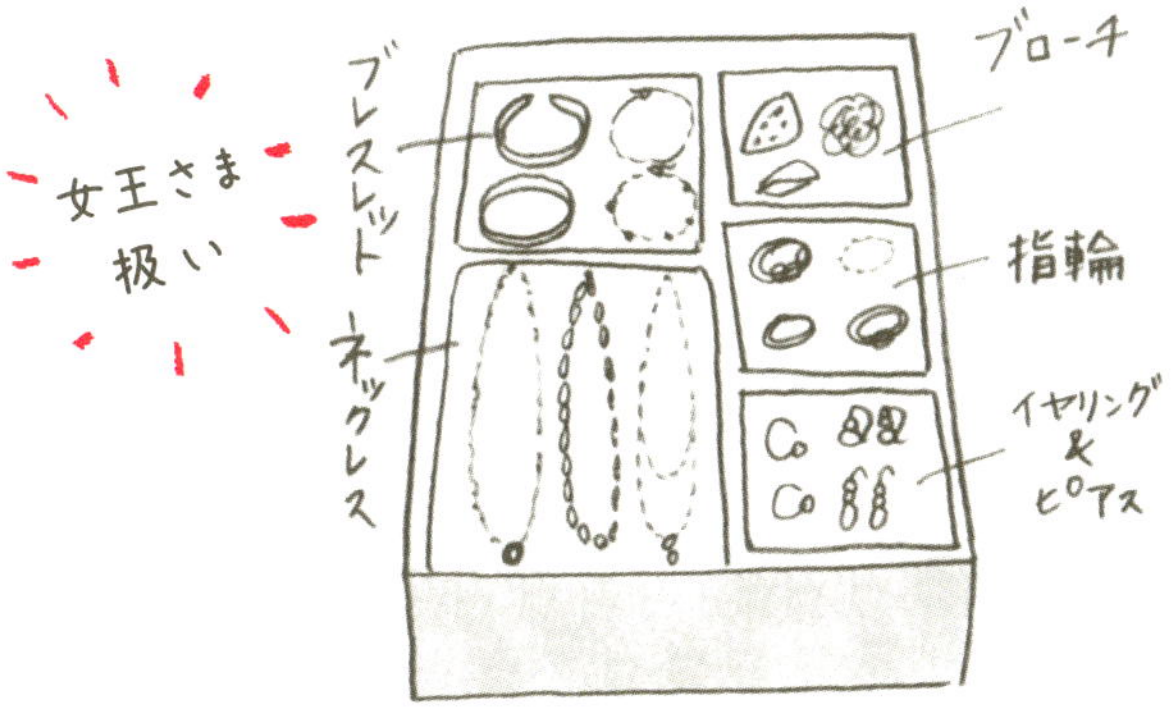

ヘア小物はアイテムで分けるとすっきり

アクセサリーと同時に片づけたいのが、ヘア小物。ときめくものだけを残したら、ヘアゴムやピン、クリップ、バレッタなどのアイテム別に仕切って収納するとすっきりします

全部集めて気づいたことを書き出そう

例）・サビのついたネックレスがあった
・片方だけのピアスがゴロゴロ…

ひとつずつ触れてみてときめくものだけ残そう

ときめきチェックで、「身につけるのはもう飽きたけれど、チャームにはときめく！」という場合は、そのパーツだけとっておくのもありです

思い出がつまったものは「思い出品」に回そう

元彼がくれた指輪や、友人の手づくりアクセサリーなど、思い出がつまったものはここで判断しようとすると作業が滞る恐れあり。「思い出品」(P.97〜)の片づけに回します

ときめかなかったものはお礼を言ってから手放そう

どのくらいあった？

ブローチ5個、ピアス8個など

Check

□貴重品

貴重品のカテゴリーには、現金や使用中の通帳、カード類、印鑑、商品券、外貨といった「金目のもの」、クレジットカードや診察券、ポイントカードなどの「カード類」、パスポートや年金手帳などの「公的証明書」が入ります。これらは「貴重」なものですから、失礼にならないようなきちんとした収納が必要です。

全部集めて気づいたことを書き出そう

例）・使っていないポイントカードが何枚も
・存在を忘れていた商品券があった

ひとつずつ触れて必要なものだけ残そう

貴重品の場合、残すものを選ぶ基準はときめきよりも実用性を優先。それでもひとつずつ手に持ち、必要かどうかよく見て確認するようにします

期限がきれてないか確認して

ショップのポイントカードなどは使用期限を確認し、きれていたら捨てます。金券ショップで換金したいものがあれば、忘れないようP.64でつくった「未処理ボックス」にイン

不要なものはお礼を言ってから手放そう

どのくらいあった？

期限ぎれクーポン券10枚など

残したものはきちんとした状態でしまう

「貴重」な品々はきちんとした場所に収めたいもの。鍵つきの金庫やタンスの引き出し、木の箱などがマッチします。数が少なければポーチでもOK。カード類は小さい箱に立てるのがおすすめです。防犯上心配であれば、通帳と印鑑は別々にしまいましょう

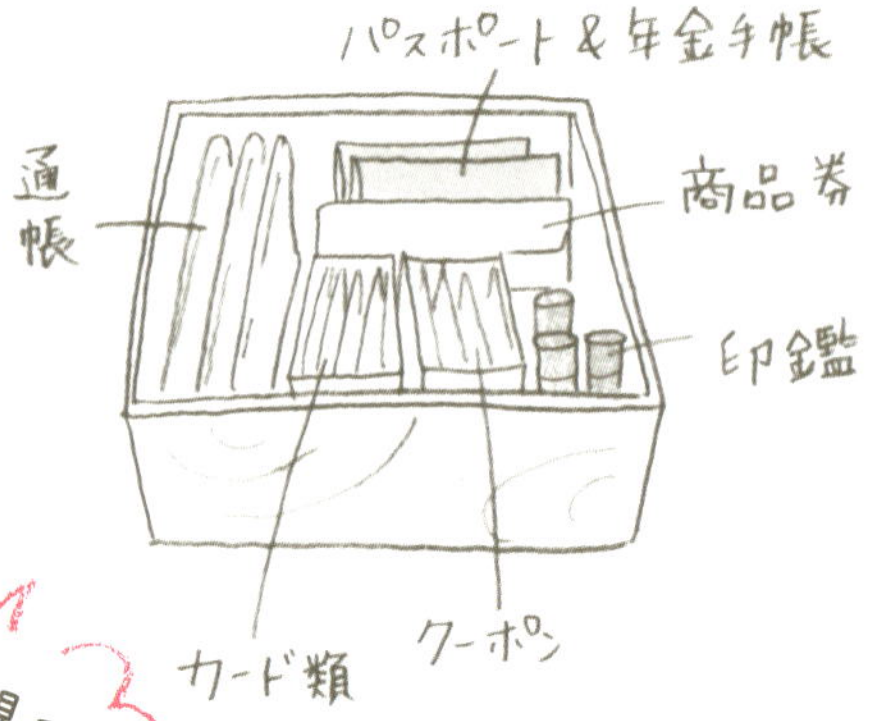

上から見てわかりやすく

財布は「おブラさま」と並ぶ2大VIP

貴重品のなかでも、お金のおうちである財布は別格。おブラさまと並ぶ2大VIPといえます。私の場合は、レシート類を抜いて、布でくるみ、「お疲れさまでした」と声をかけながら定位置の箱にしまうのが日課です

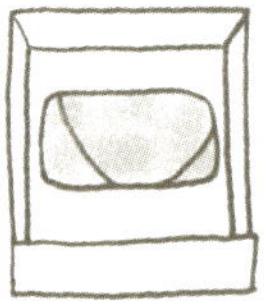

Check □ 機械類

ここに入るのは、パソコンやデジカメ、電子辞書、携帯電話、メモリーカード、美顔器、電池など「電気っぽいもの」たち。ただし、たとえばカメラが趣味で、関連機器がたくさんある場合などは「カメラ系」と単独のカテゴリーにしてここでは触らず、「趣味のもの」(P.83)のときに片づけるのもOKです。

ときめかなかったものは お礼を言ってから手放そう

どのくらいあった？

携帯電話2台、携帯ゲーム機、美顔器など

残したものは ざっくりまとめてしまう

大きさや形状がまちまちですが、同じ「電気っぽい」性質なので、引き出しなどにまとめて収納を。立てられるものは立て、コードや充電器とセットの小型機器はポーチにまとめるとすっきりします。電卓や電子辞書は「生活用具」の文房具類(P.78)と一緒に収納しても

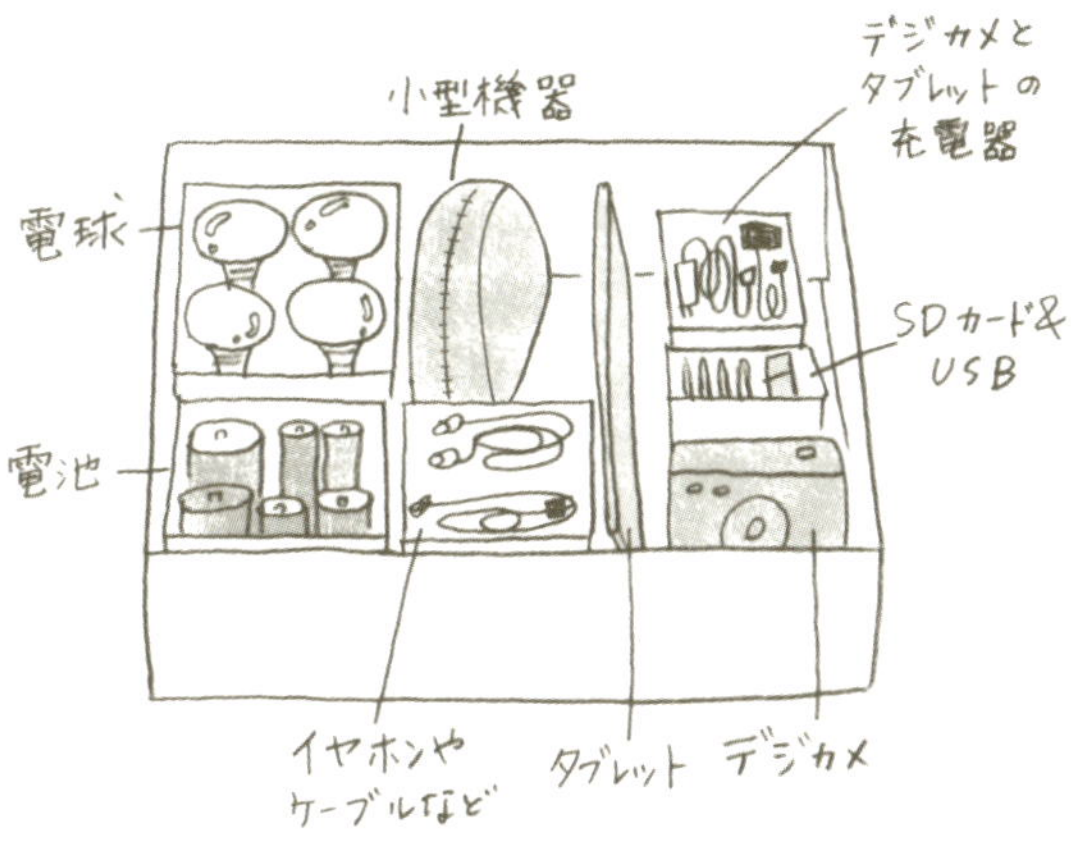

全部集めて 気づいたことを書き出そう

例）・壊れたパソコンを見つけた
・電池がいっぱいあった

ひとつずつ触れて 必要なものだけ残そう

壊れているのになんとなく置いていた携帯電話やパソコンは、この機会に処分を。写真データを移すメモリーカードは、P.64の「未処理ボックス」へ

用途不明のコード類や入っていた箱は即処分を

処分したカメラや携帯電話の充電器、とりあえず袋にまとめたコードなど、用途不明のものは即処分。商品の入っていた箱は、収納の仕切りに再利用できそうなもの以外は、捨てましょう

Check

□ 生活用具

ここでは文房具に工具、裁縫道具といった生活用具を片づけます。種類の多い文房具は、ときめきチェックのあと、「道具系」「紙系」「手紙系」の3つのジャンル分けを意識してしまうと、使ったあと戻しやすいです。工具や裁縫道具は、使用頻度が少なければ残すものはわずかですみます。

文房具

全部 集めて 気づいたことを書き出そう

例）・使いかけのノートが何冊もあった
・赤ボールペンばかり10本も！

ときめかなかったものは お礼を言ってから手放そう

どのくらいあった？

ペン20本、メモ帳5冊など

ひとつずつ触れて ときめくもの だけ残そう

たまりがちなペン類は書けるか、液体のりは固まってないかなど、ここで使って確かめてみて

残したものは 3つのジャンルに分けよう

残した文房具は、3つに分けます。ペン類やハサミ、ホチキスといった「道具系」に、ノートやメモ帳、ふせんなど紙でできたものを集めた「紙系」（紙をまとめるファイル類も含みます）。あとは、手紙を書くのに必要なものを集めた「手紙系」です

ときめく文房具を使うのをあと回しにしていませんか？

メモ帳やノートなど、ときめくものがあるのに「使うのはもったいない」としまい込んでいませんか？ ときめくグッズこそ日常使いを。ときめかない文房具は寄付するのもあり

工具・裁縫道具

全部 集めて 気づいたことを書き出そう

例）・小学校の裁縫道具を置きっぱなし
・久しぶりに出したカナヅチがサビだらけ

ひとつずつ触れて ときめくものだけ残そう

用途不明のかさばる工具類や、裁縫道具なら指ヌキやチャコペンなど、使わないのに入れっぱなしのままでは？ この先も使う予定がなければ処分を

ときめかなかったものは お礼を言ってから手放そう

どのくらいあった？

レジ袋2袋分など

残したものはときめく状態でしまう

タフな工具類は、工具入れや箱にひとまとめにしてあいているスペースへ。極限まで減らせば、ポーチにまとまる程度になることも。裁縫道具も裁縫箱やポーチに、整理整頓してしまいます

やらなきゃと思っていた修繕は今やってしまおう

この機会に、緩んでいたネジをとめたり、取れていたボタンつけをしたりと、やらなきゃと思いつつ放置していた修繕をすませてしまうと気分もすっきり。おすすめです

3つのジャンル分けを 意識しながらしまう

種類が多く、素材も大きさもバラバラなものが集まった文房具は、小物のなかでいちばんの「仕切られたがり屋」。引き出しや箱のスペースをとにかく細かく仕切り、どんどん立てて収納していきます。ファイルボックスを活用するのも◎

ノートや便せんなど高さのある紙系、手紙系はファイルボックスに入れ、同じ紙っぽいものである「書類」（P.61～）の隣に立てても

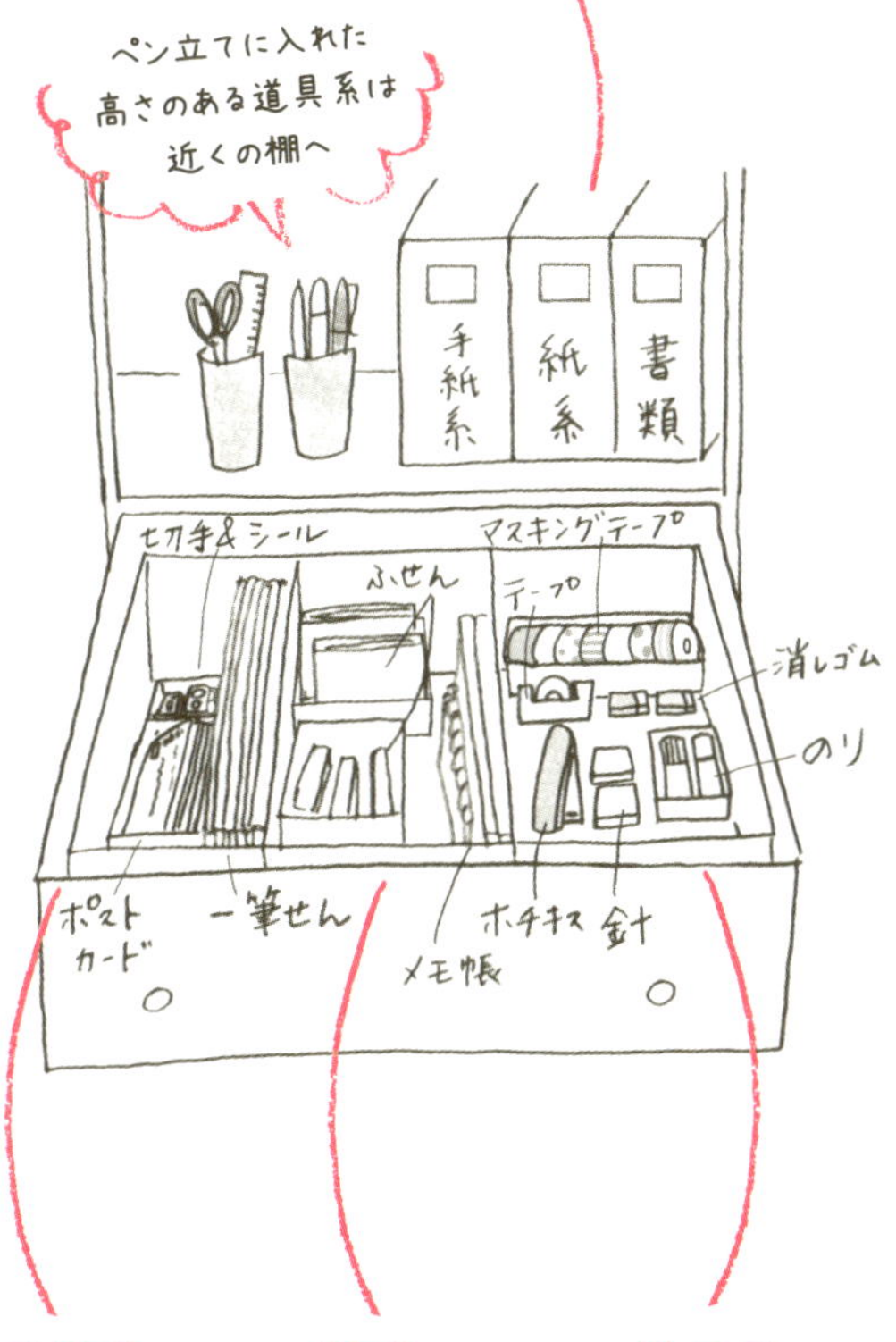

手紙系

ポストカードや便せん、レターセットなどは種類ごとにまとめ、高さを意識しながらしまいます。シールやスタンプなどの小物も一緒に収納

紙系

ノートやメモ帳は横にして積まず、立てて並べます。ふせんなどの小さなものも、箱に立ててしまって。上から見てわかりやすい収納に

道具系

マスキングテープやスティックのりは小ぶりな箱でまとめ、転がらないように。ホチキスは針とセットで置き、ペンは少なければ寝かせても

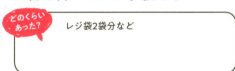

Check

□ 生活用品

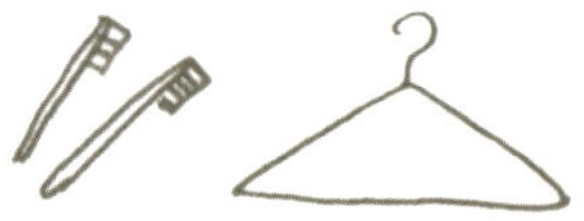

日常生活に欠かせない掃除・洗濯用品、タオル、ケア用品、トイレットペーパーやシャンプーなどと、そのストック品を片づけます。実用的なものも多いので、今、本当に必要かも考えて選択を。また収納は、基本的に使用する洗面所とトイレの収納スペースに収めることを前提にすると、残す数やしまい方が決めやすくなります。

ひとつずつ触れて ときめくもの を選ぼう

香りやパッケージ、デザインがときめくかはもちろん、掃除道具やケア用品など実用的なものは機能面も念頭に入れてチェックを

これから使うときに ときめくかどうかイメージして

もらいものの洗剤など、使えるから捨てられない、というときは、今後使う際にときめくかどうかイメージして判断を。バザーに出したり、寄付するなどで手放す方法もあります

ときめかなかったものは お礼を言ってから手放そう

どのくらいあった？

ゴミ袋１袋分、洗剤１箱など
ざっくりとした分量でOK

全部 集めて 気づいたことを書き出そう

例）・洗濯ネットがくたびれている
・病院からもらった塗り薬が大量に
・ポケットティッシュがいっぱい

予備の歯ブラシが大量にない？

残したものはジャンルに分けてまとめる

洗面所やトイレの備えつけの収納スペースに収めることをイメージして、ジャンルごとにまとめていきます。ストックが入りきらない場合は、納戸などにスペースを設けて。あき箱などがあれば利用して入れ、「立てられるものは立てる」が基本です。

ケア用品

コンタクト用品、塗り薬、ハンドクリームなどがここに入ります。使い捨てのコンタクトや塗り薬は袋や箱から出し、小さな箱に立てて入れ直すとすっきり

掃除・洗濯用品

掃除や洗濯に使う道具は、洗剤やハンガーなどアイテムごとに分けて。カゴや箱、ファイルボックス、エコバッグなどを使うとゴチャつかずに収納できます

ストック

トイレットペーパーやシャンプーなどのストックは、今使っているものと一緒に置くのが基本。ただし、スペースに収まらない場合のみ、あらゆるストックを集めて1カテゴリーつくります。引き出しや箱にしまい、納戸や押し入れの一角に収納

タオル

タオルはサイズで分け、四角くたたんで立てましょう。毎日順番にどんどん使うものなので、積み重ねてもOKです。カゴで洗面所に置くかクローゼットの引き出しに入れても

生活用品をしまいましょう

P.81でジャンルごとにまとめた生活用品は、洗面所にあると便利なものがほとんど。ひとり暮らしであれば自由に収納できますが、家族の場合は、ドライヤーなど共有のものの定位置を先に決め、そのあと余ったスペースを割りふり、個別のものをしまいます。トイレットペーパーや生理用品などトイレだけで使うものは、まとめてトイレの収納スペースへ。

コンタクトなどケア用品

コンタクトや塗り薬といった細かいケア用品はまとめて収納。家族の場合、使う人が限られるものなら、個別のスペースへ移動しても

バスタオル、タオル

タオルは、洗面所の引き出しや洗濯機上の収納棚などにしまって。しまう場所に合わせ、たたんで立てる、もしくは積み重ねて収納を

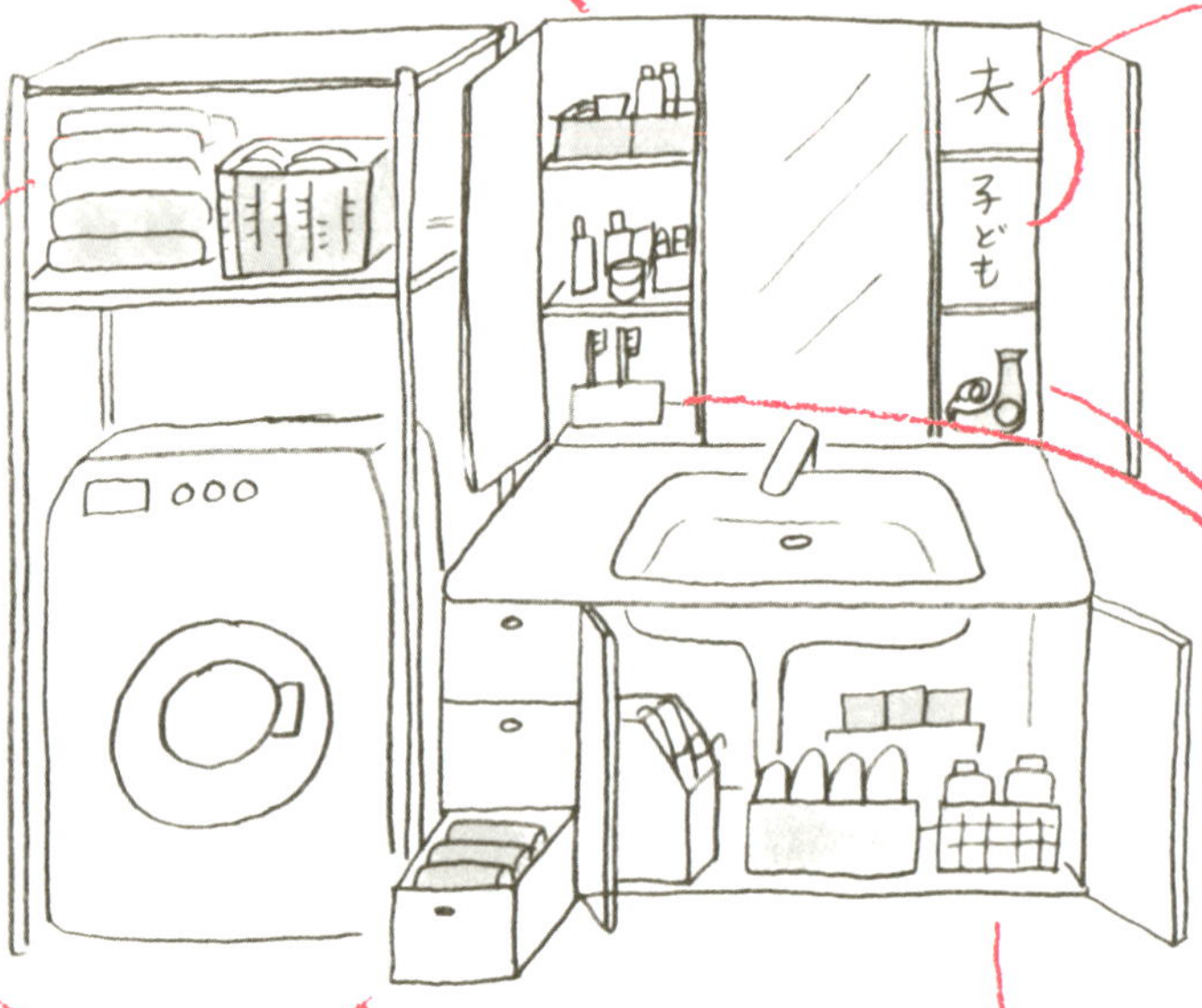

個人のものはコーナー分け

共有の場である洗面所では、家族のスペースを侵略しないのがマナー。個人のものはコーナーを分け、個別に管理するように

共有のものは先に場所決め

ドライヤーや歯みがきグッズなど、家族共有のものの収納は、全員がわかりやすく、しまいやすい場所を優先的に確保します

使用中の洗剤、シャンプー類

洗面台下に、今使用中の洗剤やシャンプー類をカゴなどにまとめて。ストックはこのカゴの奥に並べてしまうと、在庫管理がラクです

私はお風呂になにも置きません

シャンプー類は、入浴後、使用ずみタオルでキュッとひとふきしてから収納場所へ戻す習慣です。なにも置いてない浴室は掃除しやすくて水アカもつかず、いいことずくめ！

趣味のものには、習い事の道具やコレクショングッズ、アロマなどのヒーリングアイテム、さらには、衣類の片づけ時に残したイベント服（P.40）など、さまざまな種類があり、それぞれに合ったときめく収納にしたいもの。とくにコレクション系のものは時間がかかるので、焦らずじっくり取り組んで。

Check □ 趣味のもの

残したものは ときめく状態でしまう

ときめくための趣味のものですから、収納も思いきりときめき仕様に。箱にゴチャッとしまうのは絶対にNG！ いつでも見られるようディスプレー収納をしたり、引き出しやファイルをあけたときにキュンとするようにしまってあげます

最高に
ときめくしまい方を

癒やしグッズはグッズ自体が癒やされる状態に

アロマオイルやぬいぐるみなどの癒やし系アイテムは、そのものも癒やされる収納に。ほっとなごむ天然素材のカゴや仕切りを使って、落ち着くスペースにすると、効果も倍増しますよ

全部集めて 気づいたことを書き出そう

例）・昔習っていた習字道具が出てきた
・コレクションがどさっと箱づめに…

ひとつずつ触れて ときめくものだけ残そう

趣味のものは捨てられないから、と決めつけないこと。あらためて見ると、好みが変わって、もうときめかないものもあるはずなので、チェックを

過去の習い事用品は思いきって手放そう

習字や茶道など、昔やっていたけれど、今はときめかない習い事の道具は、その経験に感謝して思いきって手放して。難しければ「思い出品」（P.97〜）に回しても

ときめかなかったものは お礼を言ってから手放そう

どのくらいあった？ 編み物キット、20年前のスキー用品など

ときめくキッチンの実現に重要なのは、ずばり「掃除のしやすさ」。シンク回りになにもない、ピカピカキッチンになるだけで全体の見通しがよくなり、テキパキと作業しやすくなります。まずは下記の3ジャンルに分けて出すことから。数が多くても、やりきった感動は大きいもの。それを楽しみにがんばって！

Check

□ キッチン用品＆食料品

まず3ジャンルに分けて、気づいたことを書き出そう

多種多様なキッチンのものは、食器やカトラリーなどの「食べる道具」、鍋や調理ツールなどの「つくる道具」、乾物やお菓子など常温保存の「食品」と大きく3つに分けて集めると片づけがスムーズ。収納のときも、この3つが分散しないよう意識します

食品	つくる道具	食べる道具
例）・期限ぎれの調味料がいろいろ ・乾物のストックが多い	例）・片手鍋の底が真っ黒 ・お玉が3つもあった	例）・来客時用のカトラリーがじゃま ・引き出物の食器が箱ごとある

そのほかのものは分けておきましょう

この3ジャンルに入らない、弁当グッズや布系小物、袋物、ラップ・アルミ箔、保存容器、食器洗いグッズなどは「そのほか」として寄り分けておき、P.88〜89を参考に片づけていきます

使っていない道具が
埋もれていない？

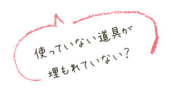

食べる道具

残したものは ときめく状態でしまう

食器棚は、ガラスや陶器など素材別にし、さらにグラスなどの「飲む系」と皿などの「食べる系」にエリアを分けアイテム別にしまいます。棚板がたりなければ、コの字ラックなどを活用しても

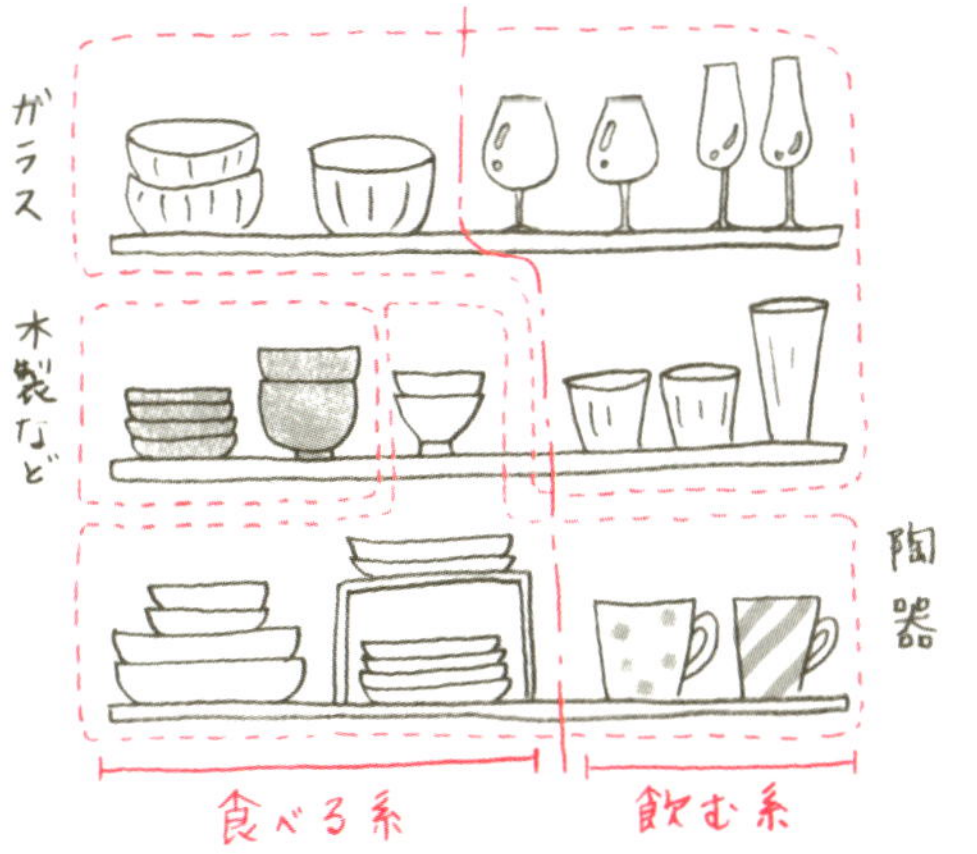

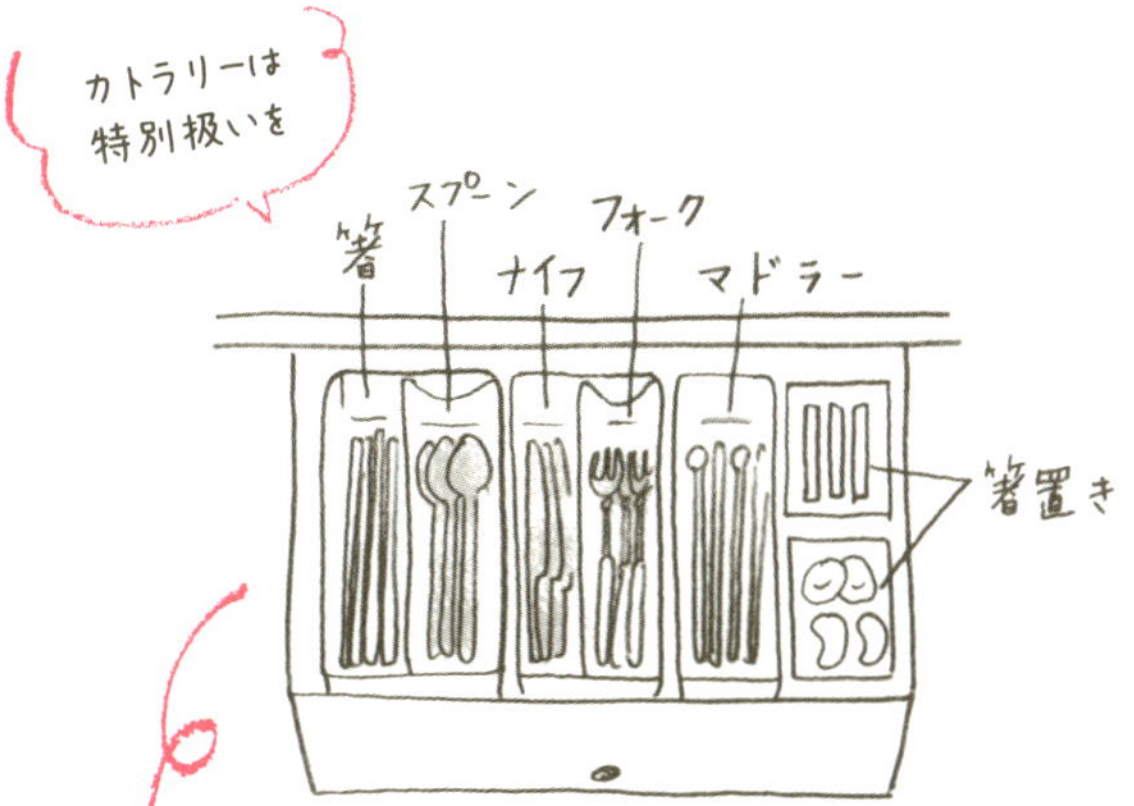

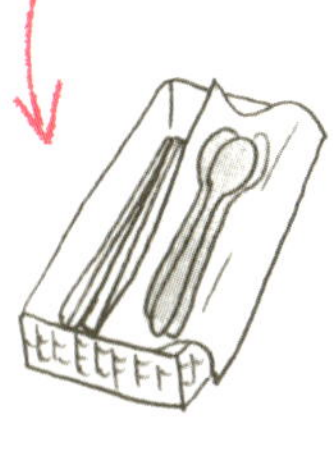

直接口に入るカトラリー類は、特別扱いすると毎日のときめき度がアップ。引き出しの中でアイテムごとにカトラリーケースや布で仕切り、ゆったり寝かせて

ひとつずつ触れて ときめくものだけ残そう

食器が多いお宅は大変かもしれませんが、ひとつずつときめきチェックを。ついでに食器棚を掃除できるチャンスでもあります。数が多くて迷いそうなときは下のチェックワードを自分に問いかけて、今後も使わなそうであれば手放して。バザーやフリーマーケットで売りに出すのも◎

迷ったときのときめきチェックワード

- ☐「前回、使ったのはいつ？」
- ☐「使用頻度はどれくらい？」
- ☐「ときめくけど使っていない食器はない？」
- ☐「欠けているものを見て見ぬふりしていない？」

箱に入ったままの食器、永遠に使う日はやってきません

引き出物にいただいた器やワイングラスなど、箱に入ったまましまっていませんか？　今出さなければ、永遠に使う日はきません。ときめくなら普段使いの食器と並べ、ぜひ使って

ときめかなかったものは お礼を言ってから手放そう

どのくらいあった？

大・中皿10枚、ティーセット2客など

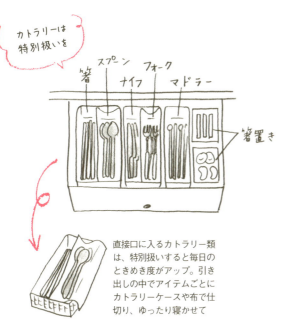

つくる道具

残したものは ときめく状態でしまう

お玉やフライ返しなどはツールスタンドに立ててシンク下に入れたり、引き出しに重ならないように並べて収納。鍋類やフライパンは、重ねてシンク下に入れるのが私の定番です

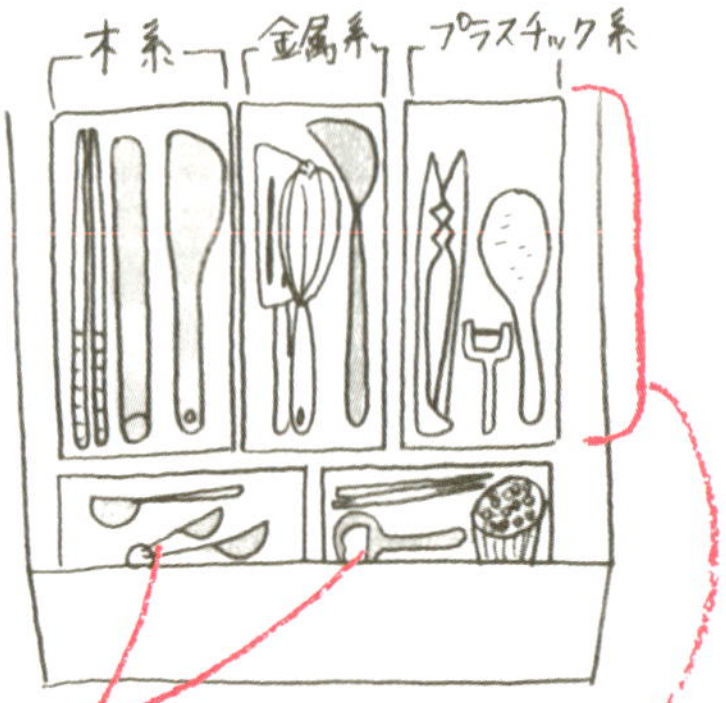

キッチン小物

栓抜きや楊枝といった小さめのものは、ツール類を入れる場所を決めたあとに、細かく仕切るなどしてしまいます

ツール類

引き出しに入れる場合は、ゴチャつかないよう仕切りをつけた中へ。素材別など自分ルールでカテゴリー分けして寝かせます

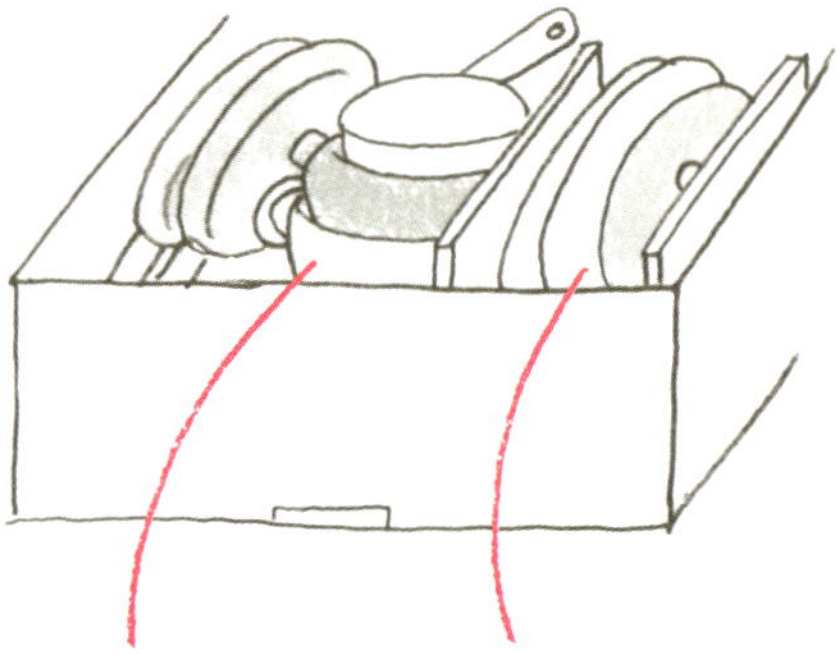

フライパン・鍋

同じ形のものはなるべく重ね、空間の高さを最大限に生かして。フライパン立てがあるなら、立ててしまってもOKです

鍋のフタ

重ねにくい鍋のフタは、コの字形のブックスタンドなどを利用して、立てるようにするとすっきり収まります

ひとつずつ触れて ときめくものだけ残そう

鍋類やフライパン、ボウル、お玉といった調理道具は、デザインなど見た目以外の点もときめきチェックを。握りやすい、よく切れるなど、使い心地のよさも「ときめき」に入ります

使い込んでいても 便利なら「ときめき」認定を

たとえば使い込んで先が丸くなった木ベラでも、手になじんで便利に使えるなら、処分の対象にする必要はありません。信頼できる道具は、「ときめき」認定となります

予備の新品があれば 今すぐ使い始めよう

菜箸など、予備にストックしてある新品があれば、これを機に古いものと取り替えましょう。新しい道具を使うと新鮮な気持ちで料理ができて、ときめき度も上がります

ときめかなかったものは お礼を言ってから手放そう

どのくらいあった?

フライパン1個、ザル2個など

食品

残したものは ときめく状態でしまう

調味料、乾物、缶詰、レトルト系、炭水化物系、お菓子、サプリメント(飲み薬)などカテゴリー分けし、立てられるものは立てて収納すると、残量も把握しやすくなります。数にもよりますが、袋物、箱物と形状でざっくり分けてもいいでしょう

袋物はおそろいの容器に つめ替えると、ときめき度アップ

乾物やお茶などの袋物は、キャニスターなどのおそろいの容器につめ替えると、ときめき度がグンとアップ! 並んでいる姿に自然と目がいくので、使い忘れも防げます

ひとつずつ触れて ときめくものだけ残そう

期限がきれてしまっている食品は、未開封であろうと迷わず処分します。期限内でも迷ったら、料理に使ってときめくか、自分や家族の体に本当に必要かどうかを考えて判断しましょう

期限間近な食品の 一掃キャンペーン日を つくろう

消費(または賞味)期限が近い食品がたくさんあったら、一気に使う日をつくります。これまでにない組み合わせで、新メニューが生まれるかも。飲みきれない日本酒は、浴槽に入れて酒風呂にするとお肌ツルツルです

ときめかなかったものは お礼を言ってから手放そう

どのくらいあった?

賞味期限ぎれ食品10個など

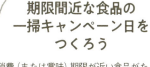

そのほか

残したものは
ジャンルに分けてしまう

そのほかのアイテムも、これまで同様、同じジャンルごとにまとめてしまいます。まず「食べる道具」「つくる道具」「食品」の３大分類の収納を終えてから、順次収めていきましょう

弁当グッズ

アルミカップやピックなど、お弁当箱以外の小物は散乱しやすいので、引き出しの中を小さく仕切って入れます。箱などにまとめ、棚の一角にしまっても

布系小物

食器ふきや台ふきんなどは、たたんで立ててしまう収納に。ランチョンマットやクロスはたたむ、巻く、そのまま重ねるなど、ものによって調整を。エプロンもたたんで近くにしまいます

そのほかのものを集めて
気づいたことを書き出そう

例）・ラップ類のストックが多い
・使い古しの保存容器がいくつもある

ひとつずつ触れて
ときめくものだけ残そう

同じものが複数あったり、ほとんど使わなくなったものは処分。小さなピックや使い捨て容器などが、とっておくうちに大量のストックとなっていることも。まとめて処分する決断も必要です

キッチンに必要な
"マイカテゴリー"も選ぶ

花切り用のハサミや、レシピを書き留める筆記用具など、直接調理に関係しなくても、自分がキッチンに必要と思うなら、マイカテゴリーとして、キッチン用品に入れてOKです

ときめかなかったものは
お礼を言ってから手放そう

どのくらいあった?

古いスポンジ2個、ふきん3枚など

ラップ・アルミ箔

箱のデザインにときめかないなら、見せない工夫を。シンク下に立てるか、扉裏にホルダーを取りつけてしまっても。ときめくホルダーなら、外づけもあり

袋物

レジ袋は空気を抜いて長方形にたたみ、立てて小箱に入れると過剰なストック予防に。紙袋もためないよう、自分が思うよりひと回り小さい袋にまとめて

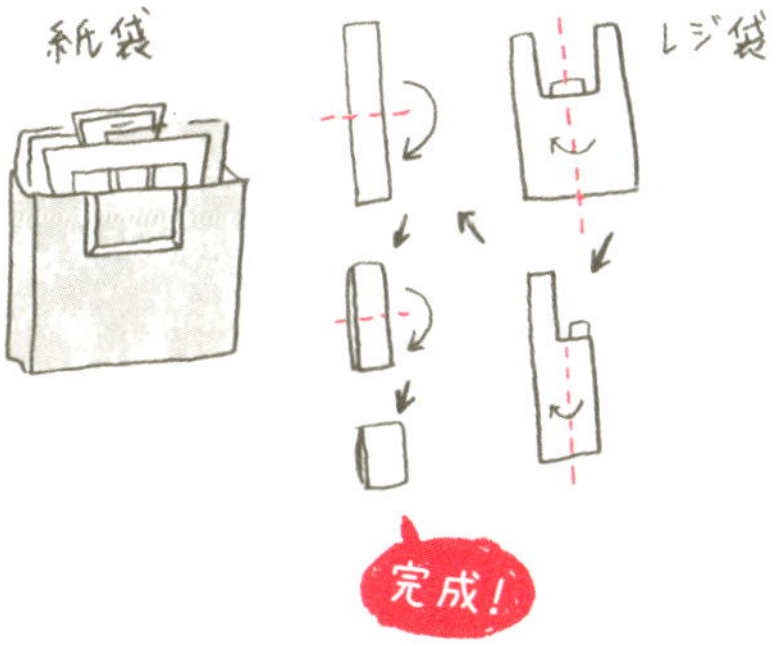

食器洗いグッズ

洗剤やスポンジなどは、水アカ予防として水回りは避け、シンク下や扉裏につけたカゴへ入れます。ただしスポンジがフル稼働なら、シンク上に置いても可

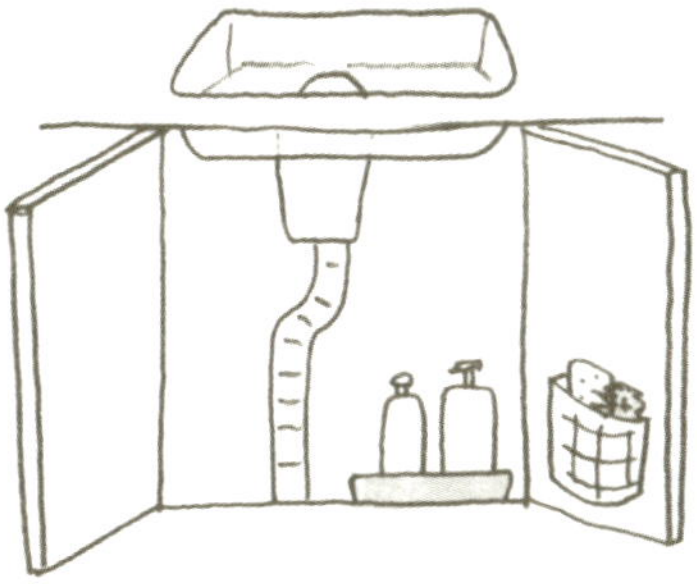

保存容器

ホーロー製品やプラスチックのもの以外に、保存用のビンや缶も含みます。重ねられるタイプならフタと本体は別にして、本体は重ね、フタは立てて収納

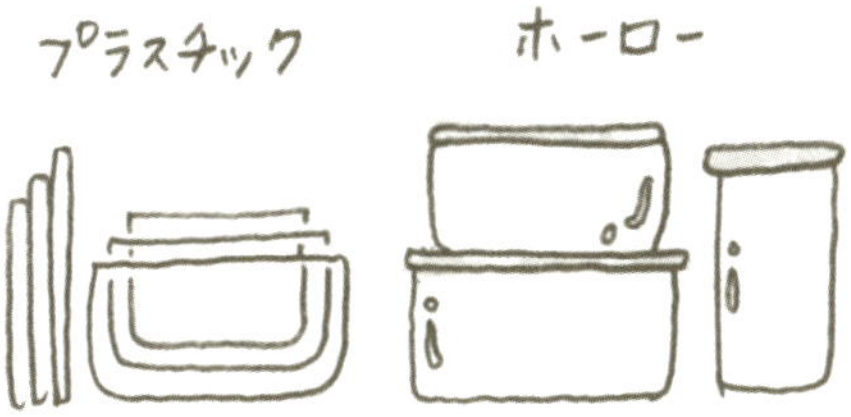

冷蔵庫は中身を出さずにチェック

冷蔵庫の中の食品は傷みやすいので、外に出す必要はありません。ササッと見て、期限ぎれのものがあれば処分。収納は、その日の余りものやいただきものを置く用に3割ほど空間をあけ、食品のカテゴリーごとに場所を分けてしまいます。小袋の調味料類はプラスチックのカゴなどにまとめて

ここまで片づけて残った小物はありませんか？

お疲れさまでした！　ここまでで、代表的な小物の片づけが終わり、家の中はだいぶすっきりしたのではないでしょうか。それでも、生活というのは人それぞれですから、そこにまつわる小物もいろいろ。これまで片づけたカテゴリーに入らないものが残っているはずです。最後にそれらを片づけましょう。

一般的に残りがちなものを取り上げて紹介しますが、ここにもないものは新しいカテゴリーとして扱うか、残り全部を「そのほか」としてまとめるかして、住所不定のものが出ないようやりきります。

残った小物と気づいたことを書き出そう

例）・ビニール傘が何本も出てきた
・お土産のキーホルダーがたくさん

残ったものを
一か所に
集めてみよう

残りがちな小物の片づけ方

これまでの私のレッスンのなかから残りがちな小物の代表例を挙げ、
判断法やしまい方を紹介します。参考にして、すべてのものをすっきり片づけましょう！

レジャー用品

遊び道具、キャンプセットなど、多種多様なものがあるレジャー用品。年に数回でも出番があり、ときめくものなら残します。しまうときはレジ袋などでぞんざいに扱わず、お気に入りの箱や袋にまとめます

リネン類

シーツや枕カバーなどは、触るだけでなく、においもかいでときめきチェック。長く放置したものは、未開封でもカビている場合があり、そうなる前に使うのが賢明です。今すぐ開封して息をさせてあげて

イベントもの

クリスマスやハロウィーン、ひな祭りなどのイベントのものは、「次回も飾りたい！」と思うものだけ残して。テーマごとに衣装ケースや箱に入れてしまい、使うときに「今ときめく」か、その都度チェックを

客用布団

普段しまいっぱなしの客用布団も、カビやダニが心配。レンタルする手もあるので、使用頻度が少なければ、この際処分を。保管するときはむき出しにせず、ときめく布でカバーして、お客さま同様、丁重に扱います

あき箱があったら思い出品の片づけまでとっておきましょう

片づけをしていて見つけたあき箱は、引き出し内の整理などに使えるので、ぜひとっておいて。思い出品(P.97〜)まで整理したあと、最終的に定位置を決める際の収納の調整にも役立ちます

お守り

持ち歩ききれないお守りは、本棚の上段など、目線より高い位置に「マイ神棚」をつくり、立たせて飾るとシャキッとします。1年以上経過したものは、お寺や神社で「お焚き上げ」してもらうのが一般的です

防災グッズ

非常用持ち出し袋や懐中電灯などの防災グッズは、総点検のチャンス。中身をひとつずつ確認し、玄関近くの納戸か寝室の押し入れに収納を。家族で確認し合うことも大切

ストラップ＆キーホルダー

自分で買うほか、お土産やノベルティなどでもらった古いケータイストラップやキーホルダー。「なんとなく」とってあることが多いので、ときめくものでなければ処分して

傘

本来、家族の人数分あればことたりる傘。それでも多くの家に余計にあります。使わないまま時間がたつと生地が変色したり金属がサビたりするので、必ず広げてチェックを

ボタン

「取れてなくしたら困るから」と、とっておいた予備のボタン、今までつけ替えたことありますか? なんとなくもっているボタンは全捨てし、ときめくものがあれば裁縫箱へ

ぬいぐるみ

ときめかなくても捨てにくいアイテム。ぬいぐるみの目から視線を感じると生き物っぽく思えるので、紙袋などに入れ、「お清め」の塩をひとふり。供養するつもりで処分すると、手放しやすくなります。判断に迷う場合は「思い出品」(P.97〜)へ

小物の片づけを終えた感想を書き出そう

これで、すべての小物の片づけが終わりました。本当に終わるのだろうかと、不安になったこともあるかもしれませんが、見事やりきりましたね。片づけ中に出てきた「ときめくけれど使い道がない」小物は、「置く」「引っかける」「はる」を駆使してぜひ飾りましょう。キーホルダーをカーテンレールに引っかけてみたり、ポストカードやお気に入りの布をクローゼットの扉裏にはったり。それが終わったら部屋を見渡し、写真を撮って、忘れないうちに感じたことを書きとめます。

【記入例】

P.94-95

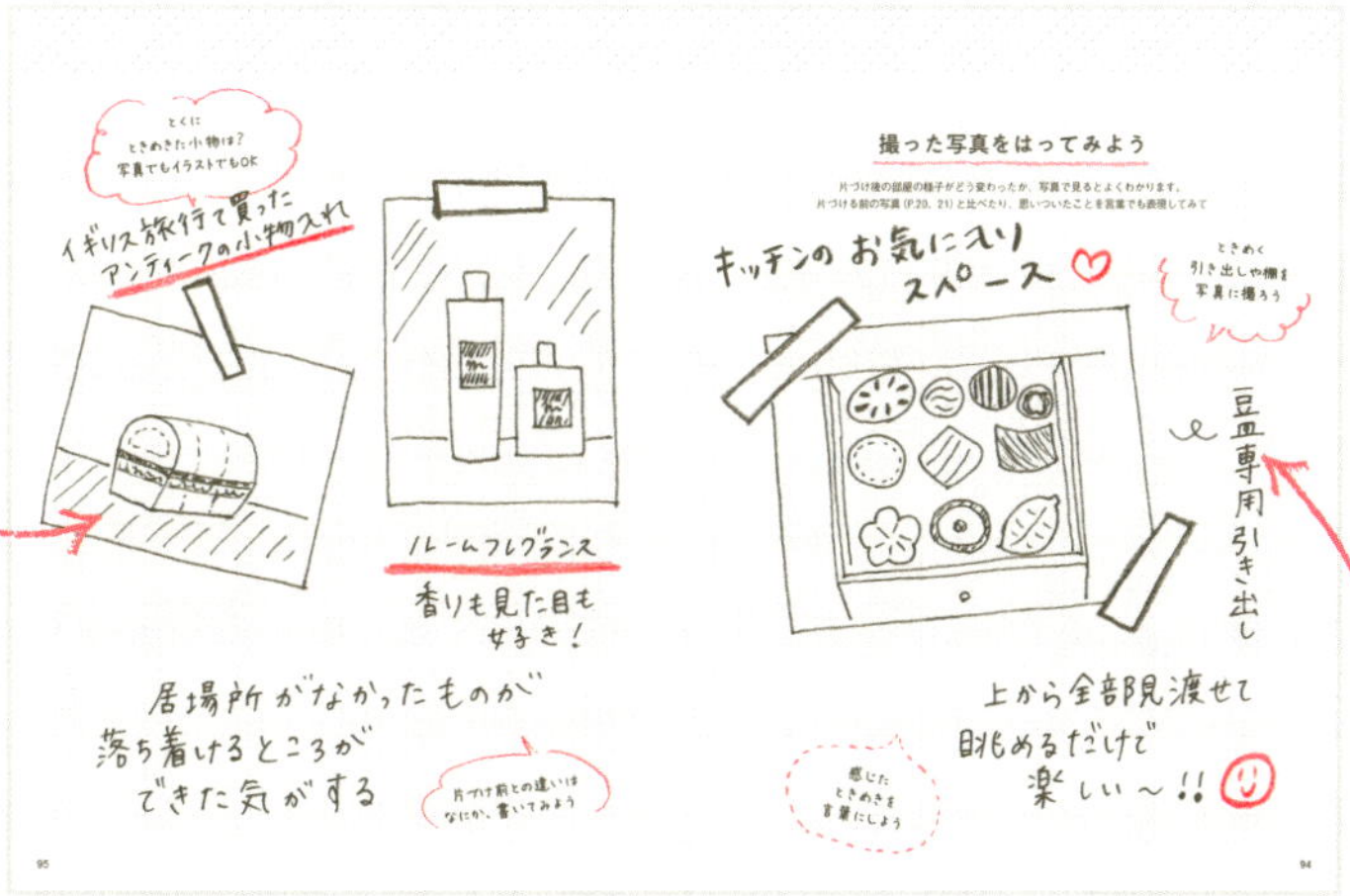

最高にお気に入りの「ときめき小物」は? ひとつに絞らずいくつ書いても、写真やイラストにしてもOK

ときめくものだけが並んだ引き出しや棚の写真を撮って、ここにはってみましょう

P.96

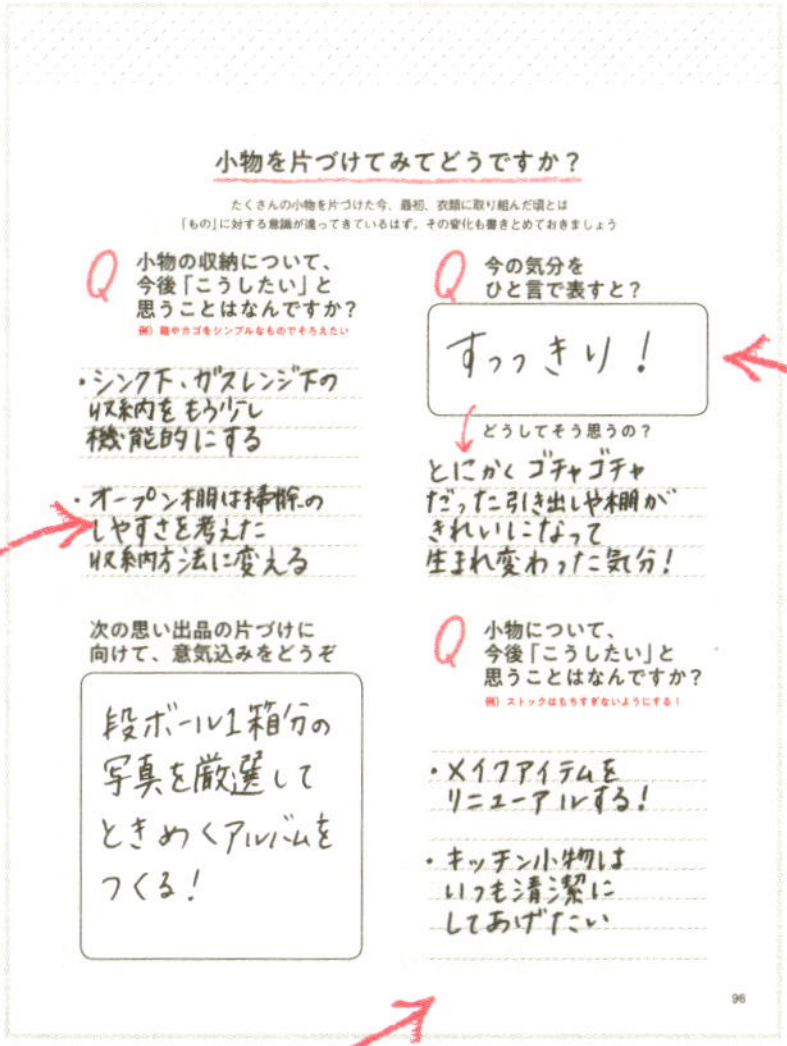

これまでの小物の扱い方を振り返り、今後どうしたいか、収納も含めて考え、書き出して今後に生かしましょう

たくさんの小物を片づけるという大仕事を終えた今の気分を、パッと思いついたひと言で

撮った写真をはってみよう

片づけ後の部屋の様子がどう変わったか、写真で見るとよくわかります。

片づける前の写真（P.22、23）と比べたり、思いついたことを言葉でも表現してみて

ときめく
引き出しや棚を
写真に撮ろう

感じた
ときめきを
言葉にしよう

とくに
ときめいた小物は？
写真でもイラストでもOK

片づけ前との違いは
なにか、書いてみよう

小物を片づけてみてどうですか？

たくさんの小物を片づけた今、最初、衣類に取り組んだ頃とは
「もの」に対する意識が違ってきているはず。その変化も書きとめておきましょう

Q 小物の収納について、今後「こうしたい」と思うことはなんですか？

例）箱やカゴをシンプルなものでそろえたい

Q 今の気分をひと言で表すと？

どうしてそう思うの？

次の思い出品の片づけに向けて、意気込みをどうぞ

Q 小物について、今後「こうしたい」と思うことはなんですか？

例）ストックはもちすぎないようにする！

Chapter 6

『思い出品』を片づけよう！

いよいよ片づけの総決算。思い入れがあるだけに
捨てる判断がいちばん難しい「思い出品」に取り組みます。
衣類、本類、書類、小物と、これまで正しい順番で
こなしてきたあなたなら、自分の判断を信じて大丈夫。
そのときめき力で、すっきり、さっぱり、
過去のものに片をつけてしまいましょう

始めた日と終えた日を書き込もう

スタート	年 月 日 時
終了	年 月 日 時

リバウンドしない片づけ方

基本は触れて判断をしますが、最後の思い出品に限っては、じっくり吟味して片づけてもOK。悔いが残らないよう、しっかりと向き合って

1 集める

最後に残った自分の思い出品を家じゅうから出して集める

衣類～小物類の片づけでよけておいたものも含め、思い出品をカテゴリーごとに家じゅうから出して集めることからスタート。あちこちから出没しがちな写真は、最後に整理します。あき箱などに、仮にまとめておくといいですね

2 ときめくものを残す

思い出品は中身を少し見ながらでもOK

捨てると、大事な思い出まで失ってしまうような気持ちにとらわれると、ときめきチェックはうまくいきません。すでに思い出はあなたの心のなかにあると心得ましょう。人生の記録や手紙などは、中身を見てじっくり判断しても

カテゴリー例とときめき判断の順番

カテゴリー分けした思い出品をチェックするときの順番例です。自分だけが関わる、数が少ないものから行うのがベストなので、やりやすい順番に変えてもかまいません。家族や恋人など自分以外の人が関わる率が高い写真は、片づけの総仕上げとして最後に回します

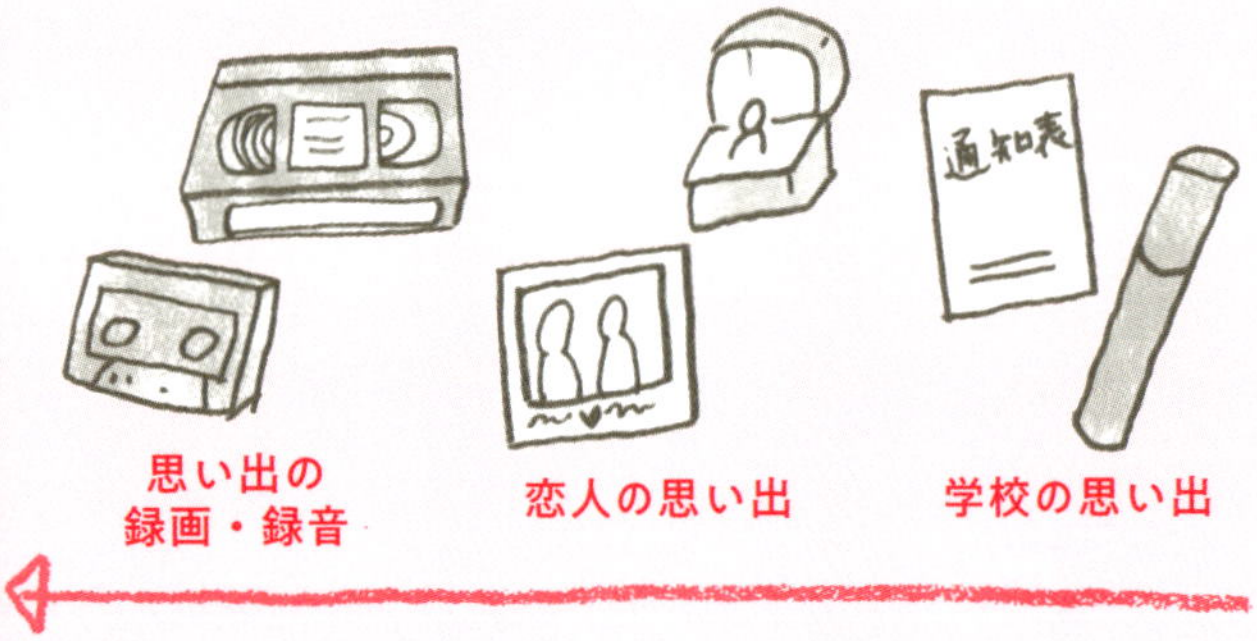

ときめく思い出品は
あなたの未来を
輝かせます

3 しまう

ときめく思い出品はいつでも見られる状態でしまう

残したものは堂々ととっておき、ときめきが感じられるよう、いつでも見られる状態でしまいます。あけたらすぐ見られる専用の引き出しをつくるもよし、壁に飾るもよし。箱に入れてしまう場合も、できる限りときめく箱を用意して

思い出品の残し方

自分のときめき判断を信じる

ここで大事なのは、自分のときめきを信じること。これまで膨大な数のときめきチェックをしてきたあなたなら、判断に大きな間違いは起こりません。自信をもって！

未来の自分に必要か考える

せっかく残すなら、きちんと生かしたいもの。「この思い出品は、未来の自分をときめかせるのに必要かどうか」を、今一度きちんと確かめながら向き合います

ときめき片づけの
総仕上げ

写真　そのほか　子どもの作品　手紙　人生の記録

○写真以外の思い出品を片づけよう

思い出がつまった、かつてときめいたものたち。手放すのに、ためらう人もいるかもしれません。でも、本当に大切な思い出は、ものを捨てても失うことはないのです。

　思い出品の片づけは、過去と向き合い、「片をつける」作業です。ひとつずつ手に取り、これからのあなたの人生を輝かせてくれるものだけを残しましょう。少し時間のかかる写真を残して、なるべく一気に行うのがおすすめ。これまでの人生をリセットする「片づけの総決算」として、取り組んでみてください。

ひとつずつ触れて ときめくものを 残そう

私たちは過去ではなく今を生きています。だから、思い出品にこもる過去の輝きそのものよりも、それをもっていて今、幸せを感じるかが重要。自分の心とじっくり対話して

日記や手紙は 中身を読んでもOK

本類の片づけでは読み返しタブー（P.53）でしたが、思い出品に関しては、じっくり読んでOK。ただし、読んでつらいものは、無理をせず、時間がたってからあらためてチェックを

ときめかなかった ものはお礼を 言ってから手放そう

どのくらいあった？

ゴミ袋２袋分、
段ボール１箱分など

全部集めて 気づいたことを 書き出そう

例）・小学校時代の通知表が出てきた
・カセットテープが何本もあった
・読まれたら恥ずかしい日記が何冊も

思い出ボックスをあけたのは何年前？

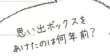

思い出品の片づけ方

思い出品のチェック法や手放し方、しまい方をカテゴリー別に紹介。
これからの自分にとって本当に必要なものなのか、考えながら進めましょう

思い出の録画・録音

旅行や結婚式などを録画したDVDやブルーレイ、録音したCD-Rなどは中身がわからなければ最初だけ再生して判断を。再生機のないビデオテープやカセットテープは、ときめくものならデータダビングのサービスを利用するのも手です。ただし、しまい込む前にすぐ手配すること

学校の思い出

通知表は印象的な1枚のみ残す、筒がかさばる卒業証書は中身を1本にまとめる、トロフィー類はここぞのものだけ飾るなどして場所を取らないように。捨てられない制服は、一度着て思い出に浸ってみると、われに返りあっさり手放せることが多いので、鏡の前でときめきチェックを

段ボールに入れて丸ごと実家に送るのはNG

実家にスペースがあるからといって、思い出品を段ボールづめして送ってはいけません。その箱が開かれることはまずないですし、過去と向き合うのをごまかすことになります

恋人の思い出

新しいご縁を望むならば、過去の恋人との思い出品はすべて潔く処分するのがおすすめです。ただ、アクセサリーやバッグなどを今も日常使いしていて、思い出を意識することがなければ、使い続けても問題ありません。処分する場合は、粗塩を一緒に入れ、感謝してお別れを

子どもの作品

子どもがくれた手づくり作品、捨てるのが忍びないなら大切に残す方法を考えてみては？ たとえば飾るコーナーをつくったり特別な箱に入れてときどき眺めたり。味わいつくすことで、手放せる機会がくることも

人生の記録

日記や手帳は、中身を見て「最高にときめく年」の一冊だけ残すのも、ひとつの手。母子手帳や育児手帳も、今もときめくなら残して。旅行の半券などを残すなら、スクラップブックにしていつでも見られる状態に

そのほか

衣類や小物類から回ってきたアイテムは、ここであらためて、ときめきチェック。意外と冷静になってスムーズに手放せることもあります。やはりときめくなら、ちゃんと使って、そのものを味わうようにして

手紙

一通ずつ見直し、処分する手紙は透けない袋に入れてからゴミ袋へ。今読んでも心が温まったり励まされたりして、大事にとっておくと決めた場合は、劣化しないよう湿気の少ない場所で箱に入れて保管します

増えていく思い出品もときおり更新を

思い出品はこれから先も増えていきますが、味わいきると納得して手放せるもの。普段使いができない、純粋な思い出品になったものは、それだけをまとめる専用の箱をつくり、時間がたったらときおり見返して、今ときめくものだけを残しましょう

写真以外の思い出品を片づけてみてどうですか？

最後の写真を残して、思い出品の片づけがすっきりと終わりました。
過去とも向き合ったことで得た気持ちなど、忘れないうちに書き込んで

Q 思い出品の収納について今後「こうしたい」と思うことはなんですか？

例）手紙を入れるすてきな箱が欲しい

Q 今の気分をひと言で表すと？

どうしてそう思うの？

今のあなたは片づけ前と比べてどう変わりましたか？

Q 思い出品について、今後「こうしたい」と思うことはなんですか？

例）実家に眠っている思い出品も見にいこう

○「ときめき片づけ」の総仕上げに写真を片づけよう

思い出品のなかでも最後に位置する、ときめき片づけの総仕上げともいえるのが写真の片づけです。

　これまでの人生の歴史をきり取った膨大な数のプリント写真は、しっかり判断力がついた段階でやらないと、途中で手が止まり、収拾がつかなくなるのです。でも、今のあなたなら、ときめきによる判断力は相当みがかれているはず。自信をもって行いましょう。

　一枚ずつ手に取って判断していきますが、すでにときめく一冊として完成したアルバムは、そのまま残しても問題ありません。

● 一枚ずつ見て ときめくものを 残そう

古いネガは全捨てが基本です。ピンとこない風景写真は処分し、ほとんど同じような構図の写真はベストな一枚を厳選して。おすすめなのは、残す写真を選びながら、年代順に床にずらっと並べていく方法。自分の歴史を目に見える形で整理できるので、楽しいですよ

家族と一緒の写真はみんなで片づけるのもおすすめ

家族の写真は、家族で片づけるのもおすすめです。思い出を振り返りながら、みんなでワイワイと選ぶ作業はとても楽しく、こうして残したときめき写真こそが家族の宝物となります

● 全部集めて 気づいたことを 書き出そう

例）・同じような写真が何枚もある
・古いネガが大量に残っていた
・変色したアルバムがある

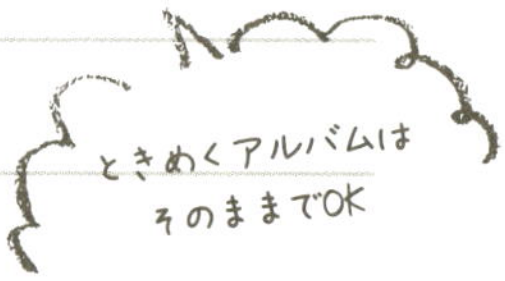

残したものはときめく状態でしまう

残った写真が年代別に整理できたら、最後に「ときめくアルバム」にまとめます。とくにお気に入りは部屋に飾っても。いつでもふり返って見られるのが、思い出として生かすことになります

写真を箱に入れるだけはNG

せっかく整理した写真も、そのまま箱に入れただけでは、目にする機会がぐっと減るのでもったいない。気軽に何度も見返せるよう、アルバムにまとめるのが必須です

ときめかなかったものはお礼を言ってから手放そう

どのくらいあった?

段ボール1箱分、
ポケットアルバム20冊など

写真を処分するときは紙袋や封筒に入れて

人物写真は、視線を感じて捨てにくいもの。2枚以上なら中表に重ね、外から見えない紙袋や封筒に入れて処分します。写っている人との縁をリセットしたいときは、塩をひとふりして

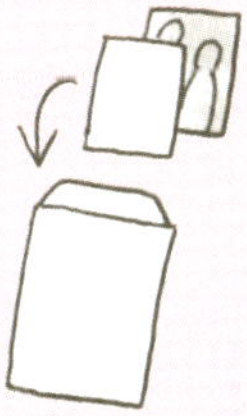

写真を片づけてみてどうですか?

たくさんの写真を片づけた今、どんな気持ちが湧いてきましたか?
素直な今の気分と、今後どうしていきたいか、ここで確認することが大切です

Q 写真の整理、収納について今後「こうしたい」と思うことはなんですか?

例) すぐにときめくアルバムを買いにいく

Q 今の気分をひと言で表すと?

どうしてそう思うの?

残したときめくものは「あなたの役に立ちたい」と思っています

衣類に始まり、本類、書類、小物、思い出品と進めてきた、ときめき片づけが完了しました。今、部屋にいるあなたは、あなたが残したときめくものだけに囲まれています。これから、このときめくものたちと暮らすうえで、ひとつお願いしたいことがあります。それは、「ものをねぎらう」ということ。家に帰ったら、脱いだ靴に「今日も私を運んでくれてありがとう」、脱いだ服に「今日も暖かくしてくれてありがとう」、置いたバッグに「今日も荷物を守ってくれてありがとう」。こんなふうに、ひとつひとつのものに、その日自分を支えてくれたことを感謝し、丁寧に元の場所に戻しながら言葉をかける。毎日でなくとも、たまにはねぎらうことも大事だと思うのです。

いろんなルートを経てあなたと出合い、あなたの部屋にやってきたものは、世界でたったひとつしか存在しません。人の縁と同じくらい、ものとの縁も貴重であり、そこには意味があります。あなたが選んだすべてのものは、あなたの役に立ちたいと思っています。たとえ捨てられたとしても「役に立ちたい」というエネルギーは残り、めぐりめぐってまたときめくものとして戻ってきます。今回、手放したたくさんのものたちも、また形を変えて、あなたの元へ来るのを楽しみにしているのです。

ときめくものを最大限に使って暮らそう

- できるだけ使う
- 大切に使う
- 感謝し、ねぎらう

ものは、使ってこそ輝くもの。お気に入りのカップは、棚にしまい込むためのものではありません。使えば、自然と大切に扱い、お茶を入れる動きも優雅で丁寧に。そうしていただく一杯のおいしさに、感謝の気持ちも湧いてきます。ときめくものを最大限に使うことで、幸せな時間がやってくるのです

すべての片づけを終えたあなたの人生はドラマチックに変わります

片づけを終えた今、すべてのものの住所が決まっているので、これからは、使ったら元の位置に戻すだけ。これで行き場のないものが散乱することもなく、部屋は常に片づいた状態です。必要なものがどこにあるか把握しているので、探しものをする手間もなくなり、暮らしがグンとラクに。もう、片づけにふり回される日常とはお別れです。

片づけをすることで、人生は間違いなく変わります。ものをひとつずつ触り、ときめくかどうか自問自答を繰り返すことにより、だんだんと自分の判断に自信がもて、自分のことを好きになれます。自分の好きなこと、ときめくことがわかってくると、本当にやりたいことも見えてきます。自分の人生を心から楽しめるようになるのです。古い名刺を大量に処分したとたん、新しい出会いからビジネスチャンスを得た人、書棚を片づけたら、本当にやりたいことを思い出して転職した人など、片づけ後に人生がドラマチックに変わった例は数限りなくあります。

さて、片づけ祭りが終わったあなたにとって、本当にときめくことはなんですか？ 人生は、片づけが終わったあとからが本番です。これからは、あなたがときめくことに、あなたの時間と情熱をめいっぱい注いでください。

片づけたあとの２つの変化

自分の判断に
自信が
もてるようになる

＝

**自分が
好きになる**

日々の片づけは
定位置に戻すだけ

＝

**暮らしが
ラクになる**

すべての片づけを終えてどうですか？

お疲れさまでした！ これですべての片づけが終了です。すっきりした部屋の写真に添えて、今の気持ちや未来への展望を書き込みましょう

ものが増えても
もう安心

今の気持ちを
言葉にしてみよう

これから挑戦
したいことは？

おわりに

片づけ祭り、お疲れさまでした！

「ときめき片づけ」を実践してみて、いかがでしたか？ 今、あなたは大好きなときめくものに囲まれて、これまでにないすっきり感や、なにか大きなものに守られているような安心感を得ているのではないでしょうか。

でも、なかには「片づけ後に、もしものが増えてリバウンドしてしまったら？」と心配されている方や、「収納がしっくりこない場所がある」と、モヤモヤされている方もいらっしゃるかもしれませんね。

だからといって、「ひとつものを買ったら、必ずひとつものを減らす」というようなきっかりとしたルールをつくる必要はありません。それより、日常生活でのものとのつき合いをとおして、自分の「ときめき感度」をナチュラルにみがいていく方がおすすめです。

ポイントは、いつでも自分のものに対して「ありがとう」の気持ちをもつこと。そして、毎日のなかで小さなときめきを見つけて、「幸せだな」と感じる時間を増やすこと。

たとえば、窓をあけたら風が気持ちよかったとか、寝る前にキッチンをピカピカにみがくことができたとか、本当に小さなことでいいので、日常のなかの

ときめきを味わうことから始めてみてください。次第に、あなたのなかのときめきをキャッチする感性がみがかれていきます。「あ、このバッグはやっぱりときめかないな」とか、「このニットもそろそろお役目終了かも」というのが自然と感じられるようになってくるので、その都度手放せばよいのです。

一度片づけ祭りを終わらせたあとは、基本的にはもう「祭り」をする必要はありません。けれど、人生に起こる節目のときに、「プチ片づけ祭り」をするのはおおいにおすすめです。

私も、子どもが生まれる前にあらためていくつかのものを手放し、収納場所も調整し直しました。ライフステージごとにもち物を見直せば、自分の〝今〟の気持ちや心の状態などを知ることができます。すると、新しいステージに向け、やるべきことがクリアになり、すっきりするのです。

ものを減らすことに成功しても、どうしても収納場所を決めるのに自信がない場合、ひとりでずっと悩むくらいなら、プロの手を借りるのもひとつの方法です。日本にはたくさんの片づけのプロの方がいるので、レッスンの体験を検討してみるのもいいですね。

あなたのこれからの人生が、ますますときめいていきますように!

こんまり（近藤麻理恵）

konmari

近藤麻理恵（こんどう・まりえ）

5歳から『ESSE』などの主婦雑誌を愛読。

15歳で本格的に片づけの研究をスタート。

大学在学中の19歳で片づけコンサルティング業務を開始し、独自の片づけ法「こんまり®メソッド」を編み出す。

2010年に出版した『人生がときめく片づけの魔法』は世界40カ国以上で翻訳され、シリーズ累計1400万部を超える世界的大ベストセラーに。

2015年に米『TIME』誌の「世界で最も影響力のある100人」に選出。

2019年よりNetflixにて公開された『KonMari～人生がときめく片づけの魔法～』は同年で最も人気のあったノンフィクション番組1位となり、エミー賞２部門にノミネートされるなど、
世界規模での片づけブームを巻き起こしている。

公式HP：https://konmari.jp/
LINE公式アカウント：https://lin.ee/CN45wqd

インスタグラム：@mariekondo_jp：
https://www.instagram.com/mariekondo_jp/?hl=ja
YouTube：こんまりチャンネル
https://www.youtube.com/channel/
UCBy-BFf7X07wCfwVAC_tBig

staff

デザイン／ohmae-d
イラスト／やのひろこ
取材協力／渡部響子
撮影／山田耕司
校正／東京出版サービスセンター
編集デスク／亀田由美子
編集／山田佳代子

人生がときめく魔法の片づけノート

発行日　2018年 3 月15日　初版第1刷発行
　　　　2024年 3 月30日　　第9刷発行

著　者　近藤麻理恵
発行者　小池英彦
発行所　株式会社 扶桑社
　　　　〒105-8070
　　　　東京都港区海岸1-2-20　汐留ビルディング
　　　　電話　03-5843-8581（編集）
　　　　　　　03-5843-8143（郵便室）
　　　　www.fusosha.co.jp

印刷・製本　TOPPAN株式会社

Printed in Japan
ISBN978-4-594-07912-3